# ユダよ、帰れ

## コロナの時代に聖書を読む

奥田知志【著】

新教出版社

# 目次

1　闇の中ではじまる――コロナの時代を生きるために……8
マルコによる福音書一六章一―八節

2　会心の回心――この先にあるもの……20
ピリピ人への手紙四章一一―一三節

3　スケールの問題――モーセからコロナを眺める……36
ルカによる福音書二四章一三―三二節

4　人であり続けるために――最後の被造物・人間……53
創世記一章二六―三一節

5　裏切る神――希望とは……64
マルコによる福音書一二章一〇―一一節

6　ユダよ、帰れ――ホームとは何か……82
マタイによる福音書二七章一―一〇節

7　名もなき有名人――あなたがあなたであること……103
ルカによる福音書一〇章一七―二〇節

8　そんな手洗いなら俺たち絶対洗わねえ……120
①マルコによる福音書六章三五―四四節
②マルコによる福音書八章一―一〇節

9　もう一つの信仰告白――戸に鍵をかけ、クソったれと祈る……141
マタイによる福音書六章五―六節

10　黙祷――祈れない夜に……158
ルカによる福音書二二章三二節

11　資格は失格、信用できるはずもなく――それでも父は喜んだ……181
ルカによる福音書一五章一一―二四節

12 隠れたる神——神無き世を生きるために……197
イザヤ書四五章一五節
13 イエスはアホや——ポストコロナ社会の風景……214
マルコによる福音書八章三四節
14 そう簡単に新しくなれない私——次代の花形……233
マルコによる福音書一二章一〇—一一節
15 心配するな、これは消化試合だ——希望から見る……250
ヨハネの黙示録一二章七—一二節
「パン」と「神の言」をめぐる、やや説教論のようなあとがき……268

# ユダよ、帰れ

コロナの時代に聖書を読む

# 1　闇の中ではじまる――コロナの時代を生きるために

二〇二〇年四月一二日イースター礼拝

マルコによる福音書一六章一―八節

さて、安息日が終ったので、マグダラのマリヤとヤコブの母マリヤとサロメとが、行ってイエスに塗るために、香料を買い求めた。そして週の初めの日に、早朝、日の出のころ墓に行った。そして、彼らは「だれが、わたしたちのために、墓の入口から石をころがしてくれるのでしょうか」と話し合っていた。ところが、目をあげて見ると、石はすでにころがしてあった。この石は非常に大きかった。墓の中にはいると、右手に真白な長い衣を着た若者がすわっているのを見て、非常に驚いた。するとこの若者は言った、「驚くことはない。あなたがたは十字架につけられたナザレ人イエスを捜しているのであろうが、イエスはよみがえって、ここにはおられない。ごらんなさい、ここがお納めした場所である。今から弟子たちとペテロとの所へ行って、こう伝えなさい。イエスはあなたがたより先にガリラヤへ行かれる。かねて、あなたがたに言われたとおり、そこでお会いできるであろう、と」。女たちはおののき恐れながら、墓から出て逃げ去った。そして、人には何も言わなかった。恐ろしかったからである。

# 1　はじめに――受難の日

皆さん、おはようございます。オンラインでご参加の皆さんも、おはようございます。今日はイースター、復活祭です。おめでとうございます。新型コロナ感染が広がる中、あまりおめでたくない日々を過ごしていますが、だからこそ「復活！　おめでとうございます」とまずは言いたいと思います。本日から東八幡キリスト教会はオンラインでも礼拝に参加できるようになりました。どんな形であれ礼拝を守れることを感謝しますし、「距離」を取らざるを得ない状況の中でともかく「つながる」ことができることを喜びたいと思います。映像は、ＹｏｕＴｕｂｅチャンネル「東八幡キリスト教会―星の下―」でいつでも視聴できます。

私は一九九〇年にこの教会に赴任しました。その年は四月一五日がイースターでした。あれから三〇年、まさかこのような状況下でイースターを迎えるとは思いませんでした。諸教会には、礼拝堂での礼拝ができないと判断したところもあるようです。東八幡キリスト教会は「軒の教会」と呼ばれる通気性の良い礼拝堂が与えられていることもあり、礼拝堂での礼拝を続けています。しかし、無理はしないでください。無理をして教会に来ることが信仰の証しなどと一切考えません。いざとなったら私と石橋牧師で礼拝を守ります。ただ礼拝自体をやめるということにはなりません。ネット配信も並行して進めます。しかし、すべての人がそういうものを利用できるとも限りません。そのことを心に刻みたいと思います。難しい状況が続きますが、皆で知恵を絞ればいいと思います。

感染リスクを下げるために人との距離を保つことが求められます。しかし、同時に人と出会えないというリスク、つまり「孤立のリスク」も考えねばなりません。個々の判断にお任せすることになりますが、東八幡キリスト教会は感染対策を行いつつ礼拝堂での礼拝は続けることにしています。イースターは、イエス・キリストの復活を祝う日です。イエスは金曜日に十字架につけられました。そして三日目、日曜日の朝に復活されました。キリスト教会が日曜日の朝に礼拝を行うのはこのためです。イースターの一週間前を「受難週」と言います。金曜日、イエスの十字架刑の日、この教会では早天祈祷会を守っていますが、今年はコロナでできませんでした。

大切なのは、受難の後は必ず復活があるということです。教会の暦だけの問題ではありません。人生にも「受難日」があります。十字架を負わされる日です。思いがけない苦難もあれば、自業自得と言わざるを得ない苦難もあります。しかし、それは復活の始まりなのだと聖書は教えています。受難週はいずれ終わります。明けない夜はなく、止まない雨もない。必ず復活の日を迎えるのです。そうです。受難は、新しいいのちが生まれる前兆なのです。これはキリスト信仰の最大のメッセージです。

世界は今、苦難のただ中にいます。「今日は何人が感染した」、「何人が亡くなった」。私たちは日々苦難を数えて過ごしています。都知事が「もうすぐ三桁になるかもしれない」と述べた数日後、感染者は二〇〇人を超えました。この現実は「復活の日は来るのか」と私たちを不安にさせます。

新型コロナが中国の武漢で見つかったのが去年の一一月だと言われています。中国政府からWHO（世界保健機構）に報告がなされたのが一二月三一日。その後、一気に感染は世界に広がりました。三月一一日にはWHOが「パンデミック」（感染爆発）を宣言。たった数か月の内に世界は一変したのでした。「自粛」状態が長引けば経済は停滞します。今後、失業者も増加すると思われます。店が開けられない状態で倒産を余儀なくされる事業者も増えるでしょう。

一昨日は、ホームレス支援の炊き出しと巡回相談をしていました。冬場は毎週、夏場は隔週で行い三二年間続いています。追い詰められていく人が増えることは確実です。感染リスクがあるとしても炊き出しや巡回相談をやめるわけにはいきません。濃厚接触をどうやって避けるか。知恵を絞りながら活動を続けています。生活困窮者に対しては、家や仕事など物理的、経済的支援が必要であることは言うまでもありません。しかし、最終的には人が人を支えることになります。にもかかわらず、「濃厚接触を避けよ」と言われるのは正直辛い。

小倉駅周辺の巡回相談は、金曜日の夜一一時ごろスタートします。そもそも人通りが疎《まば》らになる時間ですが、この間は誰もいない街になっています。「緊急事態宣言につき五月連休明けまで休業」との紙が貼られたシャッターが並びます。人がいなくなった飲食街をネズミが群れで移動している。あのような風景は初めて見ました。

ステイホームと言われても、家のない人々は路上に取り残されています。このままでは二〇〇八年のリーマンショックのようになるのではないか。あの年の一二月、日比谷公園では「年越し派遣村」が始まり、小倉駅に二十代のホームレスが現れました。

リーマンショック以後、十分とは言えませんがさまざまな支援制度も整えられました。私も制度設計に関わりましたが、これらの真価が問われる時です。二度と派遣村が必要になる事態を招いてはいけないと思います。ただ、様々に出される試算はどれも厳しいものです。六月までに収束すると、世界の経済成長率は前年比とほとんど変わらないそうですが、一二月まで続くと世界全体でマイナス〇・五パーセントの経済成長となるそうです。経済損失は三二〇兆円。また、失業率が一パーセント上がると自殺者が四〇〇〇人増えると言われています。今回の不況では二、三パーセント失業率が上がるとの予測もありますが、自殺者が再び三万人台になる恐れがあります。次々に新聞に登場する「未来予測」は、私たちから元気をそぎ落としていきます。世界は、これからどうなるのだろうか。私たちは、今、受難の日々を生きています。

## 2　希望の自律性

しかし、そんな中、いや、そういう現実を無視するように「復活の日」は今年も訪れたのです。受難週一方では現実を厳しく見ながら、しかし他方では「復活の日」を心に刻みたいと思います。受難は必ず終わります。「復活の日―希望の日」は到来するのです。新しいいのちが始まります。苦難はそこへたどり着くための道なのだと信じたいのです。

「もしキリストがよみがえらなかったとしたら、わたしたちの宣教はむなしく、あなたがたの信仰もまたむなしい」。コリント人への第一の手紙のパウロの言葉です（一五章一四節）。死んだ人が復活するなど信じがたいことです。しかし、これがキリスト信仰の中心です。十字架で殺されたイエスが復活する。終わりは始まりとなる。これがキリスト信仰です。

復活は「神の意思」によってなされました。復活は神の行為です。私たちが絶望しているとか、あきらめているとか、逆に私たちが期待したからとか、願ったからとか、そういうことは関係がないわけです。信仰熱心な人へのご褒美として復活が与えられるのではありません。そういう人間の意志や願い、信仰の深浅は関係ない。復活は自律的であり神の決断です。

イエスが殺された後、弟子たちは深い絶望の闇の中で暮らしていました。一箇所に集まって身を隠していたのです。「次は自分たちの番だ」。そんな恐怖が彼らを支配していました。誰一人、復活など期待していないし、待ってもいませんでした。準備万端整えて今か今かと待っていた人はいなかったのです。それどころか「イエスは殺された。これですべてが終わった」との絶望が彼らを支配していたのです。これが弟子の現実であり、人間としての限界でした。

人はいつ絶望するのでしょうか。悪いことが起こった時でしょうか。しかし、苦難の中でも希望を探し続けている人はいます。ではいつ人は絶望するのか。それはあきらめた日です。つまり絶望した日。当然と言えば当然です。「ああ、もうダメだ」と思った日、人は絶望するのです。

では、希望はいつ来るのでしょうか。「ああ、私には希望がある」と確信できた日でしょうか。認識としてはそうかもしれません。しかし、希望はそういうものではないのです。あきらめていた弟子たちとは関係なく「神の決断として復活」が起こったのであれば、希望も人の現実や認識とは関わりなく「神の決断」として与えられる。それが希望です。

今日のお話のポイントはそこにあります。希望は、私たちがそれを認めた日、つまり「ああ、希望がある」と思えた日に存在するのではなく、私たちの認識、行動、実績、心構え、そして信仰とは関係なく存在するのです。ですから、希望は自分の中から出てくるものではありません。自分の外から差し込む光のように希望は宿ります。希望は一方的であり、自律的です。復活の出来事において示された希望はそういうものだったのです。

## 3　イエスはいつ復活したのか

イエスの死を受けて弟子たちは意気消沈しました。敬愛する師を失ったのみならず、彼ら自身、イエスを裏切ったのですから事態は深刻でした。これは「希望を奪われた」というより「自ら希望を捨てた」と言わざるを得ない事態でした。彼らは絶望の深淵を彷徨《さまよ》っていました。しかし、それでも復活の日はやってきました。弟子たちの現実とは関係なく復活は起こったのです。

女たちがイエスの墓を訪ね、そこで復活の事実を知らされます。男たちは皆逃げて、誰もいません。墓を訪ねた勇気ある女性たちの目的は、イエスの遺体の処理でした。三日前の金曜日、イエスは拷問を受け、十字架に磔《はりつけ》にされ、脇腹をやりで刺され、亡くなりました。イエスの体はひどい状態だったと思います。夕刻が迫る中、墓に納めるのがやっとでした。ユダヤの暦では日暮れとともに翌日が始まります。翌日は安息日でした。ユダヤではあらゆる労働が禁じられている日でした。だから安息日が明けた早朝、イエスの遺体をきれいにしてあげようと、女たちは墓に向かったのです。

実はイエスは「私は三日の後によみがえる」と何度も弟子たちに伝えていました。にもかかわらず、弟子も、そしてこの勇気ある女性たちも、さすがに死んだ人が復活するとは思っていなかったと思います。この日の目的は、あくまでも遺体の処理に過ぎませんでした。

しかし、行ってみたらお墓は空っぽでした。墓の中には天使がおり、彼女らにこう告げたのでした。「イエスはよみがえって、ここにはおられない。それはかねてあなたたちに言っていたとおりのこと。イエスは復活したんだ」。これは何を意味していたのでしょうか。希望は「事後報告」だということです。女性たちは、三日目の夜明け前にお墓に行ったのですが、すでに「遅かった」わけです。イエスは復活して墓の中におられませんでした。

「よみがえった」という言葉は、原文では「よみがえらされた」と受身形です。誰がイエスをよみがえらせたのでしょうか。神様です。復活も希望も神の決断です。すべては神の歴史であり、神の計画です。復活はイエスの意志でさえないわけです。イエスも「させられた」わけです。弟子たちも女性たちもあきらめていましたが、人の側の認識とは関係なく神はイエスを復活させ、希望を示されたのです。

「この雨は止まない」とあきらめていても「時」が来れば止みます。どれだけ長い夜も「時」が来れば朝を迎えます。私たちの認識とは関係なく「時」は来るのです。それは「時間の問題」ということでもありません。「時」は「神の時」です。長いとか短いとかいうことではなく、「神が決断される時」が「その時」なのです。

天使は、「これからすごいことが起こるぞ。希望を抱いて待っていなさい」とは言いません。「すでに起こった事実」を伝えたのです。「とっくに復活させられた。その証拠にイエスはここにいない」と、天使は事後報告をしたのです。

絶望が私たちの思いによってもたらされるのに対し、希望は私たちと関係なく与えられる。絶望より希望のほうが一枚上手です。

そうなるとイエスはいつ復活されたことになるのでしょうか。実際にそれはいつだったのか。私たちは、それを考えなければなりません。イエスは「私は十字架にかけられて殺されるが三日の後によみがえる」と語っておられました。「三日後の復活」は、キリスト者でなくても多くの人が知る聖書のストーリーです。

聖書によると金曜日午後三時過ぎ、イエスは大声で叫び息を引き取ったとされます。これが第一日目だとすると、二日目が翌日の土曜日、安息日です。そして三日目の朝、日曜日が「三日の後」ということになります。確かに、三日目の朝、女たちが墓に行くとイエスは墓にいませんでした。

問題は、誰一人イエスの復活を目撃していないということです。今一度、聖書を読んでみましょう。マルコ一五章三三節「昼の一二時になると全地は暗くなった」とあります。その後、三日目の朝の場面となります。聖書の表記では、十字架の暗闇は三日目の朝まで続くわけです。安息日が終わろうとした夜明け前、マグダラのマリヤとヤコブの母マリヤ、そしてサロメが墓に向かいます。墓の中に入ると、真っ白な長い衣を着た若者が座っていました。その人は「驚くことはない」と言いますが、こんな格好の人が墓の中にいたら誰でも驚きます。僕なら心臓が口から飛び出します。その若者が「あなたがたは十字架につけられたナザレ人イエスを捜しているのであろうが、イエスはよみがえってここにはおられない。ごらんなさい、ここがお納めした場所だ」と告げました。そこまではっきり言われても女たちは理解できず「人には何も言わなかった。恐ろしかったからである」という状態でした。女たちがイエスの復活を理解するまで、しばらく時間がかかったようです。しかし、この女たちの認識や恐怖とは関係なくすでに復活はなされたのです。

三日目の朝、光が戻る前にイエスは「復活していた（させられていた）」。このことが大変重要に思われます。三日目が始まった時、すでにイエスは墓にはおられませんでした。女たちの目の前で血だらけのイエスが「ああ痛かった」と言って起きてきたのなら「三日目の朝が復活の時」となります。でも、実際は行ったら事後だった。となればイエスは、いつ復活されたのか。それは誰にも分からないということになります。ここが重要です。

復活は夜明け前、「闇の中で」すでに起こっていた。三日目の朝、光が戻り絶望の暗闇は過ぎ去る、というのではない。もしかすると、あの金曜日の夕方、みんなでイエスの遺体を担ぎ込んでお墓に納めて「やれやれなんとかお墓に納めることができた。じゃあ、イエス様さよなら」と入り口を石でふたをしたその直後、「はい、ただいま」とイエスが復活されたとしてもいいわけです。まあ、そんなに急がなくてもいいのですが、大切なのは「復活の時」は、私たちの認識とは関係がないという事実なのです。弟子たちが、女たちが、そして私たちが絶望の闇を彷徨《さまよ》っていた時、復活はなされていたのです。それが復活の本質であり、希望の自律性です。

## 4　夜明け前でも遅かった

私たちの認識に左右される希望は、脆弱《ぜいじゃく》で不安定です。女性たちは「ほら、遺体がないでしょう」と目の前に証拠を突きつけられても怖くてしゃべれなかった。すでに復活が起こったにもかかわらず、認識はついていかない。それが人間です。本当に弱い。心が絶望でふさがっていると希望が恐怖に見えてしまいます。しかし、本当の希望は人間の認識とは関係なく与えられるのです。私たちが闇の中にとどまり、絶望し、希望のかけらさえ見いだせないとしても復活は起こり、すでに希望は与えられたのです。いわば神様の勝手で「復活させられる」。聖書が伝える希望とはそういうことです。だから、「よく分からない」としても「希望はない」とは言えないのです。

「信じる者は救われる」と言います。はたしてそうでしょうか。「信じられない、認められない、分からない、けれどもすでに救われている」が正解だと思います。なぜなら、救いは神の主体的行為だからです。あの女たちのように、私たちはこの事実を「事後」に知らされます。「間抜け」な私たちですが、神の救いは、そんな「間抜け」な私たちのためにあるのです。神は呼応的ではなく決断的にイエスを「復活させられ」た。女たちは夜明け前に出かけましたが、それでもすでに「事後」だったのです。

振り返ると、あの三日間絶望の闇の中に意気消沈していた私は何だったのか。後々私たちは、その「間抜け」さを笑える日を迎えます。「とっくに復活はなされたにもかかわらず、ずいぶんと絶望していたなあ」と。そんな自分が「あほらしく」思え、ほほ笑む日が来るのです。

多くの人が、コロナ禍はいったいいつ終わるんだろうかと不安に思っています。この絶望的な日々にいつまで耐えることができるだろうかと。そんな闇の中を歩む私たちに、今日の聖書の箇所は、闇の中にすでに光が灯《とも》っていたことを告げます。これを信じるしかない。希望を見た人が信じるのではなく、絶望のただ中で人は信じるのです。

作家の五木寛之さんが「アサガオは夜明けに咲きます」というエッセイを書いておられます。

アサガオの蕾は朝の光によって開くのではないらしいのです。逆に、それに先立つ夜の時間の冷たさと、闇の深さが不可欠である。（中略）ぼくにはただ文学的なイメージとして、夜の冷たさと闇の深さがアサガオの花を咲かせるために不可欠なのだという、その言葉がとても新鮮にのこってしまったのでした。

アサガオの蕾《つぼみ》は、光によって開くのではない。朝日に先立つ夜の時間の冷たさと闇の深さの中で花は咲くそうです。調べてみたら事実でした。夜明け前、闇の中でアサガオはすでに咲いており、人は目覚めた後にアサガオの花を見る。五木さんのこのアサガオの話は、聖書における復活のイメージと重なります。ヨハネによる福音書の冒頭、「光はやみの中に輝いている。そして、やみはこれに勝たなかった」とあります（一章五節）。われわれは、コロナの闇がいつ明けるのか、いつ光が現れるのかと思いながらひたすら耐えています。多くの人は「闇が去ったら光が来る」と考えます。でも実は違う。聖書は、闇の中に光があると宣言しているのです。暗闇に包まれた墓の中、夜明け前の暗闇の中で復活は起こり、アサガオは咲くのです。いずれ事実を知る日が来ますが、私たちの認識の有無とは無関係に復活は淡々と進められる。私たちは復活を記念する礼拝において、この「事後認識」としての復活を心に刻みたいと思います。

夜明け前の闇の中、イエスは復活させられ、希望の花は咲きます。私はそう思います。祈ります。

## 2　会心の回心——この先にあるもの

二〇二〇年四月一九日

ピリピ人への手紙四章一一—一三節

わたしは乏しいから、こう言うのではない。わたしは、どんな境遇にあっても、足ることを学んだ。わたしは貧に処する道を知っており、富におる道も知っている。わたしは、飽くことにも飢えることにも、富むことにも乏しいことにも、ありとあらゆる境遇に処する秘けつを心得ている。わたしを強くして下さるかたによって、何事でもすることができる。

### 1　はじめに

皆さん、おはようございます。オンラインで参加してくださっている方々もおはようございます。先週は、復活祭の礼拝、イースター礼拝において、「希望」は私たちが認識しようがしまいが向こうからやってくるものだと申し上げました。十字架から三日目にイエスがよみがえったと言いますが、誰もその瞬間は見ていない。三日目の朝早く墓に行った女たちでさえ間に合わなかった。はたして三日目だったかも分からない。一日目だったかもしれない、二日目だったかもしれない。イエスご自身「三日の後に」とおっしゃっていますから三日目でいいんですけれども、大切なのは、復活は闇の中ですでに起こっていたということです。闇の中に光は輝く。人間は自ら絶望した時に絶望します。しかし復活は、私たちの認識とは関係なくすでに起こっている。私たちにとって復活は常に「事後認識」でしかない。これが先週のお話です。今日は、その続編のようなお話です。

すべての県が緊急事態宣言下に置かれました。「この先どうなるんだろう」と皆が不安を抱えています。感染者は増え続けています。世界の感染者は二二〇万人を超え、死者は一五万人以上。日本の感染者数も一万人に迫っています。四月七日時点で三八〇〇人台だったのが一〇日後の今日は九六〇〇人を超えました。人が消えゴーストタウンのようになった繁華街。コロナ以前の日常が懐かしく思えます。「あの日に帰りたい」。それは多くの人の偽らざる思いです。

教会活動においても経験したことのない日常に戸惑うばかりです。違和感のあったマスクも今や日常。八割の行動制限が呼びかけられています。先日、石橋牧師と二人で東八幡キリスト教会の諸活動にかかる時間を計算し、その八割を減らすとどうなるかを考えました。その結果、幼小科礼拝と主日礼拝だけを残し、すべての活動を中止としました。今週から祈祷会も自宅で守ることになります。この際、掃除もやめます。無理をして教会に来る必要はありません。家で礼拝を守ってください。オンラインで参加できる人のために中継も行います。「無理をして礼拝に出たら徳が上がる」なんてことにはなりません。無謀と信仰は別物です。礼拝の火は消しません。最後は石橋牧師と私で会堂での礼拝は守ります。と言いつつ私は逃げるかもしれませんので、石橋先生、あとはよろしく。

感染リスクを考えざるを得ない一方で孤立のリスクも深刻です。「新しい生活様式」ということで「オンライン」が注目されていますが、そういうことと無縁に生きている人も少なくありません。

オンライン礼拝が新たな排除にならないか心配です。感染リスクを考えると人と話さないほうが良いのですが、「濃厚接触」はダメ、握手もダメと言われると正直寂しい。これまで私は、チューもハグもあまりしませんでしたが、最近、私はハグしたい、ハグされたいと、いっそう思うようになっています。やはり寂しいのです。

マスクの売り場には「お一人さま一点まで」と書かれていますが、棚には「本日の入荷はありません」と書かれている。それも日常の風景になりつつあります。たまにマスクを見つけると「なんで」と思ってしまう。ホームレス支援の炊き出しでマスクを配っています。そもそも外で暮らす人は密ではないので感染リスクは低いのかもしれませんが、先日当事者のおひとりが「マスクは助かる。これがないと町も歩けんもん」と言っておられました。そうでなくても町から排除されてきたホームレスの人々が、マスクのことでさらに排除される。感染以外の問題が深刻化しているようにも思います。

## 2　あの日に帰りたい

私たちは思っています。いつになったら元の生活に戻れるのだろうかと。「あの日に帰りたい」と。しかし、はたしてそうでしょうか。「元に戻る」ことに私は疑念があります。そもそも元には戻らないと思います。多くの人がすでに亡くなったわけです。これひとつとっても元には戻らない。それどころか、私は、元に戻ってはいけないとさえ考えています。それは新型コロナが収束しないということではありません。いずれワクチンが開発されるでしょうし、治療方法も確立されるでしょう。問題は「あの日＝元の生活」はそんなに良いものでもなかったということです。

小松左京という作家がいました。『日本沈没』という小説を書いた人です。この『日本沈没』が書かれたのは一九七三年ですが、その約一〇年前、一九六四年に小松は『復活の日』という小説も書いています。私が一歳の時の作品です。これらの作品は映画にもなりました。映画『復活の日』の主役は草刈正雄さん。生物兵器として開発された新型ウイルスによって人類が滅びるというストーリーです。さらにその後に地震が起こって核兵器のシステムが作動し、世界は二度滅んでしまう。南極基地にいた一万人だけが生き残ります。南極は寒くてウイルスが活動できなかったわけです。南極連邦委員会という組織が結成され、新しい世界を作る、というところがラストシーンです。

主人公が核兵器を止めにアメリカまで行くんですけれども、残念ながら発射されてしまう。主人公は、何とか生き延びて徒歩で南極まで帰ってくる。最後、ぼろぼろの姿で南極基地にたどり着いたシーンは感動します。

もちろん今回の新型コロナはそこまではいかないでしょう。私は、小松左京がこのストーリーを「復活の日」と名付けたことに関心があります。彼の考えた復活とはどういうことか。生き残った人が作った「南極連邦委員会」は、その後どうなったんだろうか。それは読者が考えることです。まさか再び国境を作り、それぞれの国がせめぎあい、核兵器で他国を脅し、密かに生物兵器を製造するような世界に戻ることが復活か。それとも南極で生き延びた人々が、新しい人類として細菌兵器も核兵器もない世界を作ることが復活か。小松は復活を「元に戻る」のではなく「新しくなる」というイメージで描こうとしたと思います。「復活」はもと来た道に戻るのではない。いくら懐かしかろうがそこに戻ってはいけない。全く新しいいのちに生きること、それが「復活」なのだと思います。

辞書で「復活」を調べてみると「いったん死んだ、あるいは機能しなくなった、また世に埋もれたものが息を吹き返し、活動力を盛り返したりしてこの世に現れること」とありますが、私は違うんじゃないかと思います。復活はそうではなく、全く新しいいのち、新しいあり方へと生かされることだと思います。

イエスがサドカイ派と問答している場面があります。復活を巡る論争です。

復活ということはないと主張していたサドカイ人たちが、その日、イエスのもとにきて質問した、「先生、モーセはこう言っています、『もし、ある人が子がなくて死んだなら、その弟は兄の妻をめとって、兄のために子をもうけねばならない』。さて、わたしたちのところに七人の兄弟がありました。長男は妻をめとったが死んでしまい、そして子がなかったので、その妻を弟に残しました。次男も三男も、ついに七人とも同じことになりました。最後に、その女も死にました。すると復活の時には、この女は、七人のうちだれの妻なのでしょうか。みんながこの女を妻にしたのですが」。イエスは答えて言われた、「あなたがたは聖書も神の力も知らないから、思い違いをしている。復活の時には、彼らはめとったり、とついだりすることはない。彼らは天にいる御使のようなものである。また、死人の復活については、神があなたがたに言われた言葉を読んだことがないのか。『わたしはアブラハムの神、イサクの神、ヤコブの神である』と書いてある。神は死んだ者の神ではなく、生きている者の神である」。群衆はこれを聞いて、イエスの教に驚いた。
（マタイによる福音書二二章二三―三三節）

モーセが言っていることはひどいことです。この女性の人権はどうなるのか。それに対してイエスは「あなたがたは聖書も神の力も知らないから、思い違いをしている。復活の時には、彼らはめとったり、とついだりすることはない。彼らは天にいる御使のようなものである」と答えます。なんだかよく分からない。当時の決まりからすると、長男と結婚し、その夫が死んだら、妻は次男と結婚しなければならない。その一族の子どもを残さなければならないということだったようです。本当にひどい話。順々に七人と結婚した女性がいたと言うんです。彼らが復活したらこの女性はだれの妻か。それが問題だとサドカイ派の人々は論じていた。

イエスは「おまえら全然分かってない。復活ってそういうことじゃない。天使のような存在になることなのだ」と言います。これは、今までの考え方とかルールとか、彼女を縛り付けていたモーセの律法などから完全に超越した新しい生き方になるということだと思います。復活は、元に戻る、すなわち元の誰の妻に戻るのかではない、全く新しくなることなのです。

小松が描いた「復活の日」も、生き残った人たちが再び国家を作り出す。やれアメリカだ、イギリスだ、中国だ、フィリピンだ、日本だ、という具合にはならない。人類全員で生き残ることを考えるしかない。

今回のコロナ禍においても、世界のすべての人が感染リスクを負いました。これは一部の人間の問題ではなく、いわば「全員当事者」という世界です。自他の別がなくなるという、新しい世界観に生きるチャンスなのです。私たちは「あの日に帰りたい」ではなく、今までにない形で世界が協力し、助け合い、生き残ることを考えるしかない。新しい生き方へ押し出されなければならないのです。

にもかかわらず、いまだに「自国第一主義」を唱えるリーダーがいます。彼らには、この機会に真に悔い改め、「復活」していただきたいと思います。

パウロもキリストの復活についてこう述べています。

だれでもキリストにあるならば、その人は新しく造られた者である。古いものは過ぎ去った、見よ、すべてが新しくなったのである。

（コリント人への第二の手紙五章一七節）

なるほどそうか、復活というのは、かつてのあの日に戻りたいということではないのだ。生き返って元の人生の続きを生きることでもない。復活の本当の意味は、「すべてが新たになった、古きものは過ぎ去った」ということなのです。

苦難、十字架、死に匹敵するような苦しみ、それらを経験した者は新しいいのちへと導かれます。これが聖書の言う復活信仰です。そのことを心に刻みたいと思います。志村けんさんが亡くなってドリフターズのことを思い出す日々です。三週間前の宣教で「だいじょうぶだ」という話をしましたが、ドリフのリーダーだったいかりや長介さんは「次いってみよう」と言い続けました。「復活」

はそういうことだと思います。そう、「次いってみよう」です。

## 3　方向転換――悔い改めて福音を信じる

イエスは公生涯の最初に「神の国は近づいた。悔い改めて福音を信ぜよ」（マルコによる福音書一章）と宣言されました。「『悔い改める』は、『メタノイア』という言葉である」というのは牧師のお説教によく登場するフレーズです。「メタ」は越える、移す、変えるといった意味で「ノイア（ヌース）」は、筋道や視点、立場という意味。となると、「メタノイア」（悔い改め）は「反省する」というよりも「方向転換」という意味になります。単に立ち止まって同じ場所でいくら反省しても、結局その後も同じことを繰り返すことで終わる。本気で反省するならば、今までと違う場所で、違う人々と出会い、違う生き方を選ぶしかないのです。「悔い改めよ」が、方向転換ということならば、イエスと出会うということは結構面倒くさいことを意味しています。なぜなら、それは自分の知識や教養が増し加わり豊かになるという単純なことではなく、「変化を求められる」ことですから。日本語で「カイシン」は「改心」と書きますが、「回心」とも書きます。心が回る、心が動く。心が一定のところにあるんじゃなくて動きだすのが「回心する」ということです。

神は、私たちを「悔い改め」（メタノイア）させようとしておられる。今までのあり方を疑い、元に戻るのではなく「復活のいのちを生きよ」とおっしゃっている。これが私たちに与えられる希望です。希望というのは過去にあるんじゃない。過去に戻るのではないのです。本当の希望は先にある。先にある希望に向かって私たちは復活するのです。

たとえば元に戻ってはいけないことの一つを、本日の「週報巻頭言」に書いておきました。要約すると、感染予防のため「ソーシャルディスタンス」、つまり社会的な距離を保つことが課題となっているということです。感染者は米国が七二万人、スペインが一九万人、イタリア一七万人、ドイツが一四万人、フランスが一〇万人、英国一〇万人。日本は感染者が一万人。米国人口は日本の三・五倍ですが、感染者は七〇倍以上。世界の感染者数のトップは米国です。日本は五七位。日本は極端に少ない。日本は押さえ込みに成功しているという人もいますし、PCR検査をちゃんとしないから分からないだけだと言う人もいます。

私は気になることがあります。それはコロナ以前の現実です。OECD（経済協力開発機構）が二〇〇五年に出した「孤立率調査」というのがありますが、これを見るとOECD加盟二〇か国の中で日本が一番孤立していることが分かります。日本の孤立率は一五・三パーセント。米国は三・一パーセントです。日本は米国の五倍孤立している。長い間「社会的孤立」を困窮者支援の現場で問うてきた私にとって、このデータは重要でした。そこにコロナがやって来た。これは全く科学的な話ではありませんが「もっとも孤立が進んでいた日本は感染者が少ない。一方で人のつながりが日本の五倍あった米国は感染者が多い」としたらどうか。「日本はコロナ前から孤立、つまりソーシャルディスタンス状態だった」ならば、この際、悔い改めて「復活」した方がよい。とはいえ感染は避けなければなりません。だからソーシャルディスタンスは保たねばなりません。しかし、心は濃厚接触したいと思います。「見える距離は遠く、見えない距離は近く」です。これは、コロナ以前にはない考え方です。元には戻らないというのは、まさにこういうことなんだと思います。

それと「ソーシャルディスタンス」という言葉ですが、むしろ言うとしたら「フィジカルディスタンス」です。つまり、コロナは飛沫感染しますから「身体的距離」（フィジカルディスタンス）を空けなければなりません。一方で「社会的距離」（ソーシャルディスタンス）は縮めなければならないと思います。だから、言葉の使い方が間違っていると思います。コロナ以前から「孤立社会」であった日本社会は、いかにして「社会的距離」を縮めるのかが問われていたのだと思います。

私たちが目指す「復活」は、「ひとりにしないという社会」だと思います。今までにない濃厚接触社会を作りたい。抱きしめ合ってやるぞ、みたいな気持ちになれる社会です。これは今までになかった風景です。「よおおし！　もう毎晩みんなと飲んでやろうか」と思える社会です。ああ私の場合、これはコロナ前からやってました。すみません。

## 4　固守すべきこととは思わず

ピリピ人への手紙は、たくましく生きるキリスト者の姿を描いています。これは獄中書簡です。投獄されにもかかわらず「喜びの手紙」とも言われます。パウロの生涯は苦難に満ちていました。投獄されたこと、むち打たれたこと、彼は死にかけ、旅の中で川の難、盗賊の難、同国民の難、異邦人の難、都会の難、荒野の難、海上の難、にせ兄弟の難に会い、労し苦しみ、たびたび眠られぬ夜を過ごし、飢えかわき、しばしば食物がなく、寒さに凍え、裸でいたこともあったと語っています。そんな経験をしたパウロが獄中で書いたのがピリピ人への手紙です。

わたしは乏しいから、こう言うのではない。わたしは、どんな境遇にあっても、足ることを学んだ。わたしは貧に処する道を知っており、富におる道も知っている。わたしは、飽くことにも飢えることにも、富むことにも乏しいことにも、ありとあらゆる境遇に処する秘けつを心得ている。わたしを強くして下さるかたによって、何事でもすることができる。

（ピリピ人への手紙四章一一節以下）

キリスト者というのは、信念を曲げず一途に生きる人だと思っておられる人は少なくないと思いますが、しかしパウロは「ありとあらゆる境遇に処する秘けつを知っている」と言います。ずいぶん柔軟な生き方だと思います。なぜそんなことができるのでしょうか。

それは、主イエスをよみがえらせたかたが、わたしたちをもイエスと共によみがえらせ、そして、あなたがたと共にみまえに立たせて下さることを、知っているからである。すべてのことは、あなたがたの益であって、恵みがますます多くの人に増し加わるにつれ、感謝が満ちあふれて、神の栄光となるのである。だから、わたしたちは落胆しない。たといわたしたちの外なる人は滅びても、内なる人は日ごとに新しくされていく。なぜなら、このしばらくの軽い患難《かんなん》は働いて、永遠の重い栄光を、あふれるばかりにわたしたちに得させるからである。わたしたちは、見えるものにではなく、見えないものに目を注ぐ。見えるものは一時的であり、見えないものは永遠につづくのである。

（コリント人への第二の手紙四章一四節以下）

私たちは落胆しない。日々新しくされている。この軽い患難は過ぎ去り、重い栄光へと私たちは導かれる。そうなんだ。過去に戻るんじゃないんだ。キリストと共によみがえり、復活のいのち、新しい生き方へと私たちは向かうのです。「重い栄光」という表現は気になります。たぶんそんなに簡単ではないと言いたいのでしょう。私たちは、キリストが復活した故に、そのようなたくましく、したたかで、柔軟な生き方を選ぶことができるのです。

そういう生き方を示唆してくれる方がいます。その方が書かれた文章を最後に紹介したいと思います。皆さんよくご存じの星野富弘さんです。一九四六年群馬県のお生まれ。一九七〇年には高崎市の中学校の体育教員になられたのですが、教員になってわずか二か月後の六月、クラブ活動中に鉄棒から落ちて脊椎を損傷し、首から下がいっさい動かなくなりました。体育の教師なのに身体が動かない。星野さんの絶望は大きく深かったと思います。数年後、ついに口で筆をくわえて絵を描き始められます。皆さんよくご存じの「星野富弘カレンダー」はこうやって生まれたのです。

彼は事故から四年後の一九七四年にキリスト者となります。星野富弘さんの本で私が一番好きなのは『風の旅』です。その中に「渡良瀬川《わたらせ》」という文章があります。この文章は私たちに勇気を与えてくれます。つまり、復活とは何かを示してくれているように思うのです。

私は小さい頃、家の近くを流れる渡良瀬川から大切なことを教わっているように思う。

私がやっと泳げるようになった時だから、まだ小学生の頃だっただろう。ガキ大将達につれられて、いつものように渡良瀬川に泳ぎに行った。その日は増水していて濁った水が流れていた。流れも速く、大きい人達は向こう岸の岩まで泳いで行けたが、私はやっと犬かきが出来るようになったばかりなので、岸のそばの浅い所で、ピチャピチャとやって、ときどき流れの速い川の中心に向かって少し泳いでは、引き返して遊んでいた。ところがその時、どうしたはずみか中央に行きすぎ、気づいた時には速い流れに流されていたのである。元いた岸の所に戻ろうとしたが流れはますます急になるばかり、一緒に来た友達の姿はどんどんと遠ざかり、私は必死になって手足をバタつかせ、元の所へ戻ろうと暴れた。しかし川は恐ろしい速さで私を引き込み、助けを呼ぼうとして何杯も水を飲んだ。

水に流されて死んだ子供の話が、頭の中をかすめた。しかし同時に頭の中にひらめいたものがあったのである。それはいつも眺めていた渡良瀬川の流れる姿だった。深い所は青々と水をたたえているが、それはほんの一部で、あとは白い泡を立てて流れる、人の膝くらいの浅い所の多い川の姿だった。たしかに今、私がおぼれかけ、流されている所は、私の背よりも深いが、この流れのままに流されていけば、必ず浅い所に行くはずなのだ。浅い所は、私が遊んでいたあの岸のそばばかりではないと気づいたのである。

「……そうだ、何もあそこに戻らなくていいじゃないか」

私はからだの向きを百八十度変え、今度は下流に向かって泳ぎはじめた。するとあんなに速かった流れも、私をのみこむ程高かった波も静まり、毎日眺めている渡良瀬川に戻ってしまったのである。下流に向かってしばらく流されて、見はからって足で川底を探ってみると、なんのことはない、もうすでにそこには私の股《もも》ほどもない深さの所だった。私は流された恐ろしさもあったが、それよりも、あの恐ろしかった流れから、脱出できたことの喜びに浸った。

　怪我をして全く動けないままに、将来のこと、過ぎた日のことを思い、悩んでいた時、ふと、激流に流されながら、元いた岸に泳ぎつこうともがいている自分の姿を見たような気がした。そして思った。

「何もあそこに戻らなくていいじゃないか……流されている私に、今できるいちばんよいことをすればいいいんだ」

　その頃から、私を支配していた闘病という意識が少しうすれていったように思っている。歩けない足と動けない手と向き合って、歯を食いしばりながら一日一日を送るのではなく、むしろ動かないからだだから、教えられながら生活しようという気持ちになったのである。


　素敵な文章です。この時期に読むべき文章だと思います。私たちは「あの日に帰りたい」、あの平穏だった日々に戻りたいと思っています。でも何もあそこに戻らなくてもいいじゃないか。そのまま次の新しいいのちへと復活させられたらいいではないか。戻ったところでどうする。世界一の孤立率が待っているだけ。そんな現実に戻るのか。いいや、今回のこの苦難の中で、ソーシャルディスタンスが問題になっている中で、私たちは無性に人恋しくなったではないか。孤立した社会にどっぷりつかっていては、その価値にも気づかず過ごしていたが、今は分かる。人に対する思慕、会いたいという思い。一緒にいたい、接触したいという気持ち。どのように新しくなればいいのかを私たちは気づき始めているのです。孤立社会に戻るんじゃなくて新しい復活のいのちへと私たちは生きるべきなんだと。

「会心の出来」という言葉があります。「会心」とは会う心と書きます。これは「心が満足している、心にかなった、よくできた」という意味です。私はコロナ禍において「会心の回心」をやってやろうと思います。星野富弘さんのあの回心の仕方、くるっと回って流れの先に行ってみようとしたあの「会心の回心」を、です。みんなでメタノイアしてやろう。復活させられようではないかと思うのです。

なぜならば、この軽い患難は働いて、重い栄光へと至るからです。私たちはそのことを信じて復活の日に備えたいと思います。しばらくこの苦難は続きます。私たちはこの苦難の先に、すなわち十字架の先に復活の日が備えられることを信じるのです。

パウロは、キリスト者は「ありとあらゆる境遇に処する秘けつを知っている」と言います。それは、私を強めてくださる方、つまり、イエス・キリストがおられるからだとパウロは言うのです。

では、そのキリストとは何であったのか。

キリストは、神のかたちであられたが、神と等しくあることを固守すべき事とは思わず、かえって、おのれをむなしうして僕のかたちをとり、人間の姿になられた。その有様は人と異ならず、おのれを低くして、死に至るまで、しかも十字架の死に至るまで従順であられた。それゆえに、神は彼を高く引き上げ、すべての名にまさる名を彼に賜わった。それは、イエスの御名によって、天上のもの、地上のもの、地下のものなど、あらゆるものがひざをかがめ、また、あらゆる舌が、「イエス・キリストは主である」と告白して、栄光を父なる神に帰するためである。

（ピリピ人への手紙二章六―一一節）

明確に書かれています。「キリストは固守しない」。そうです、復活させられた方、私たちをご自身と共に新しいいのちへと導かれる方は「固守しない」のです。神であることさえも固守せず、私たちのところに来られた。このあり方は、復活という「死の絶対性」さえ固守しない「自由」を示しています。このキリストが私たちと共にいて下さる。だったら私たちは「貧に処する道を知っており、富における道も知っている。飽くことにも飢えることにも、富むことにも乏しいことにも、ありとあらゆる境遇に処する秘けつを心得ている」ことになります。すなわち新しい自己へと回心し、重い栄光にあずかることができるのです。今日の苦しい状況において、私たちはこういうたくましさを身に着けたいと思います。

祈ります。

# 3　スケールの問題――モーセからコロナを眺める

二〇二〇年四月二六日

ルカによる福音書二四章一三―三二節

この日、ふたりの弟子が、エルサレムから七マイルばかり離れたエマオという村へ行きながら、このいっさいの出来事について互に語り合っていた。語り合い論じ合っていると、イエスご自身が近づいてきて、彼らと一緒に歩いて行かれた。しかし、彼らの目がさえぎられて、イエスを認めることができなかった。イエスは彼らに言われた、「歩きながら互に語り合っているその話は、なんのことなのか」。彼らは悲しそうな顔をして立ちどまった。そのひとりのクレオパという者が、答えて言った、「あなたはエルサレムに泊まっていながら、あなただけが、この都でこのごろ起ったことをご存じないのですか」。「それは、どんなことか」と言われると、彼らは言った、「ナザレのイエスのことです。あのかたは、神とすべての民衆との前で、わざにも言葉にも力ある預言者でしたが、祭司長たちや役人たちが、死刑に処するために引き渡し、十字架につけたのです。わたしたちは、イスラエルを救うのはこの人であろうと、望みをかけていました。しかもその上に、この事が起ってから、きょうが三日目なのです。ところが、わたしたちの仲間である数人の女が、わたしたちを驚かせました。というのは、彼らが朝早く墓に行きますと、イエスのからだが見当らないので、帰ってきましたが、そのとき御使が現れて、『イエスは生きておられる』と告げたと申すのです。それで、わたしたちの仲間が数人、墓に行って見ますと、果して女たちが言ったとおりで、イエスは見当りませんでした」。そこでイエスが言われた、「ああ、愚かで心のにぶいため、預言者たちが説いたすべての事を信じられない者たちよ。キリストは必ず、これらの苦難を受けて、その栄光に入るはずではなかったのか」。こう言って、モーセやすべての預言者からはじめて、聖書全体にわたり、ご自身についてしるしてある事どもを、説きあかされた。それから、彼らは行こうとしていた村に近づいたが、イエスがなお先へ進み行かれる様子であった。そこで、しいて引き止めて言った、「わたしたちと一緒にお泊まり下さい。もう夕暮になっており、日もはや傾いています」。イエスは、彼らと共に泊まるために、家にはいられた。一緒に食卓につかれたとき、パンを取り、祝福してさき、彼らに渡しておられるうちに、彼らの目が開けて、それがイエスであることがわかった。すると、み姿が見えなくなった。彼らは互に言った、「道々お話しになったとき、また聖書を説き明してくださったとき、お互の心が内に燃えたではないか」。

## 1　自粛でいいのか——安息日に善を行う

皆さん、おはようございます。今日はオンラインがうまくいっていないとのこと。大丈夫ですか？　大丈夫！　良かった（笑）。オンラインで参加の皆さん、おはようございます。

コロナに振り回される毎日です。ほんと、嫌になります。感染者はどんどん増えています。第二波が起こるのではないか、そんな話にもなっています。世界の感染者は二八七万人、死者も二〇万人を超えました。日本の感染者は一万三千人。死者が三六〇人。人口の六割が感染すると集団免疫が機能するそうですが、あれだけ感染者が出ているニューヨークでさえ一四パーセントしか感染していませんから、集団免疫は相当先の話だと思います。感染した人、感染していない人も含め、すでに全員がコロナに取り憑かれた感じです。人を見ればコロナと思え。そんな空気が広がっています。僕なんか気が弱いから、テレビで専門家に「これがコロナの症状だ」と説明されると全部当てはまっているような気がしてしまいます。

ある友人からメールが来ました。「神様はいったい何を考えているのか」と。その人はクリスチャンではありませんが、全くその通りだと思います。神様はなぜ沈黙されているのか。神様はどこにおられるのか。そう問いたくなります。そんなことを思っていましたら、東大寺に各宗教の代表者が集まり「コロナ収束祈願」をしたとニュースで報じられていました。七つの宗教の代表者が集まったそうです。キリスト教からはカトリックの方が参加されました。参加者のコメントの中に「新型コロナウイルスの収束が見えにくい状況ではあるが、宗教者として行動を自粛することが周りの人々の命を守ることにつながると肝に銘じ、共に祈りを続けたい」という言葉がありました。確かにそうです。宗教者は祈る。でも、なんだか「それだけか」とも思いました。「宗教者として行動を自粛することが命を守ること」と胸を張って言われてしまうと、正直「そうか?」と思ってしまいます。「自粛がいのちを守る」ということは、東京都知事も言っています。すでに仕事を失い路頭に迷っている人も出てきている。困窮者支援の窓口には相談者が殺到している状況です。今後、自殺が増えるのではないかということも心配です。そんな現実を前に宗教者のやるべきことが「自粛」。本当にそれだけでいいのかなと思いました。

イエスの時代、安息日は何もしてはいけないという律法がありました。安息日は、今の土曜日、天地創造における最終日で神様が休まれた日です。それで安息日に労働をしてはならないということになりました。それを巡ってイエスと当時の宗教勢力がぶつかります。たとえば、イエスの弟子が安息日に麦を摘んで食べたことを巡って論争が起きます。麦摘みは労働だからです。弟子たちは律法違反だと批判されたのでした。また、イエスは安息日に病人を癒されました。これも大問題となりました。

イエスは「あなたがたのうちに、一匹の羊を持っている人があるとして、もしそれが安息日に穴に落ちこんだなら、手をかけて引き上げてやらないだろうか。人は羊よりも、はるかにすぐれているではないか。だから、安息日に良いことをするのは、正しいことである」と語ります（マタイによる福音書一二章一一節以下）。さらに、「安息日は人のためにあるもので、人が安息日のためにあるのではない」（マルコによる福音書二章二七節）とも語っています。当時の宗教者は「安息日に何をしてはいけないか」を考えていました。しかし、イエスは「安息日に何をすべきか」を考えていたのでした。この違いは大きい。

コロナ禍を生きる私たちは、「何をしてはいけないか」「何ができないか」を考えてきました。この状況では「自粛」するしかない、と。

しかし、イエスがおられたら「何をすべきかを考えなさい」とおっしゃるんじゃないかと思います。ステイホーム、人と会わない、行動の八割制限……。それだけか？　と。

「ステイホーム」をしつつ「フロムホーム」を考えなければならないと思います。家からでもできることがあるんじゃないか。東八幡キリスト教会のメンバーで、礼拝には来られないが家でマスクを作って教会に届けてくれた人がいます。「安息日に善を行う」。今、宗教者のあり方が問われていると思います。「自粛だけでいいのか」と。現にマスクも来ない、給付金も来ない、ステイホームと言われても家もない人々が少なくない、いや、増えている。彼らに対して宗教者は何ができるのか。ここで考えないと、ここで行動しないと、ポストコロナにおいて宗教は「もはや無用」と言われるでしょう。少し言い過ぎました。

「自粛」は、どこか自分のいのちを守ることが中心になっているように思います。しかし「他人を感染させない」ということも当然大切です。マスクも「自分が感染しない」というより「他人に感染させない」ということが重要なのです。それらは「利他」の精神です。まさに宗教の本義です。となると「自粛」もいいけど「安息日に正しいことをする」ということも考えなくてはいけません。

先週うれしいことがありました。初老の男性が教会を訪ねて来られました。「今後、給付金が配られるということですが、私は家もあるし困っていない。ぜひ困っている人たちのために使ってほしい」と言って封筒を渡されました。中には一〇万円が入っていました。まだ、特別給付金は配られていません。ですが、この方は先に届けて下さいました。「自粛」ではなく行動されたのです。

## 2　コロナの時代の世界観――霊性の問題

多くの人が日々困惑を重ね、じわじわと絶望へと落ちていくようで怖いです。何でこんな病気が流行したのか。宗教者の中には、「このたびの新型コロナウイルス禍は、この自然界・地球・大宇宙を冒瀆し、破壊している人間世界に対する、神仏の怒りが背景にあります。（中略）人間の身勝手な所業に、宇宙そのものである神仏が怒りを表しているのではないかということであります。その『天の怒り』を鎮めることが、疫病の蔓延を止め、自然災害を少なくしていくのだと痛感しています」と言う人もいます。

作家の三浦綾子さんが一九八二年、『婦人之友』という雑誌にこのような言葉を書いています。彼女は若いころから病気ばかりされていました。

　私は癌になった時にティーリッヒの、

「神は癌をもつくられた」

という言葉を読んだ。その時、私は文字通り天から一閃の光芒が放たれたのを感じた。神を信ずる者にとっては、「神は愛」なのである。その愛なる神が癌をつくられたとしたら、その癌は人間にとって、必ずしも悪いものとは言えないのではないか。私たちは「苦難」を取り違えて受けとっているのではないかと、私はティーリッヒの言葉に思った。

（神のくださるものに、悪いものはない）

私はベッドの上で、幾度もそう呟いた。すると、この癌という神からの贈り物が、実に意味のある、すばらしいプレゼントに思われて来た。苦難だと思って受けとっていたその大きな重荷は、目を大きく開けて見ると、神からのすばらしい贈り物に変わっていたのである。いつしか私は、妙な言い方だが、

（私が度々病気をするのは、もしかしたら、神に依怙贔屓《えこひいき》をされているのではないか）

と思うようになった。私は肺結核、脊椎カリエス、帯状疱疹、癌と、次々にたくさんのプレゼントを神からいただいて来た。そしてその度に、私は平安を与えられて来たのである。

この平安を思うと、私は全く、神の御業としか言いようのない気がする。肺結核もカリエスも、長い忍耐と根気の要る病気であり、死んでいく者の多い病気であった。経済的にも危機にさらされる病気であった。だがその中で得た安らぎは、説明しようのない安らぎであった。

（中略）この度の癌に際しても、

（私は神に依怙贔屓されている）

という、喜びに似た平安を体験することが出来た。この平安を人は信じないかも知れない。が、私は多くの例を知っている。

（「苦難の意味するもの」、『婦人之友』一九八二年一二月号）

私は、信仰には「霊性」が大事だと考えています。「霊」と言っても、幽霊とか、そういう超常的なものではなく、私が言う「霊性」は世界観のことです。三浦さんは、がんと向き合う中で、ある世界観を確認されているのだと思います。霊性とは、世界をどう見るか、世界をどこに立って見るかということです。世界の事象、今起こっていることをどのような世界観で見るのか、それが霊性です。三浦さんは、世界は神によってつくられた。だから、がんも神がつくられた。愛の神がくださったものに悪いものはない、という世界観に生きておられるわけです。

キリスト者の場合、すべてを聖書から、あるいは神の救済史から見ようとします。歴史は神様が人間を救おうとしている舞台なのだ。そういう観点から世界を見直す。三浦さんの言い方だと「コロナもまた神様がつくられた」のであり「愛の神からの賜物に悪いものはない」ということになります。実際に病気で苦しんでいる人、亡くなった人もいますので、そう簡単には語れませんが、三浦さん自身がんに苦しみながらもこの言葉を残していることを噛みしめたいと思います。

霊性をもってコロナを見直す。それを示すのが宗教者の役割でもあります。それがないと「苦難を取り違えて受け取っている」ということになります。

## 3　恐怖の身体検査と逢坂山検問所

どこに立って何を基準に物事を見るかが重要です。そこで少し、私の少年時代のお話をします。私は、今や押しも押されもしない「傲慢な人間」になりましたが、幼い頃は劣等感の塊で自信のない子どもでした。生まれた時の体重が四キロありました。昨今は、「小さく生んで、大きく育てる」という時代ですが、それからすると「巨大な赤ちゃん」ということになります。当時「赤ちゃんコンクール」というのが各地でありまして、実は私は大津市大会でも滋賀県大会でも優勝しています。すごいでしょ。自慢です、が、全く覚えていません。その後もすくすくと成長し、小学校四年生で体重が六〇キロになっていました。当時いやな言葉がありました。「肥満児」。キャー、今聞いても心が痛い。正直トラウマです。

そんな奥田少年の一番の苦手は運動会。だれが運動会のようなものを発明したのか知りませんが、私は運動会の発明者を正直恨んでいました。さらに「大人の配慮」が奥田少年を深く傷つけました。クラス対抗リレーは花形競技ですが、一度も選ばれません。それはいいんだけど、全員が出る「五

○メートル走」っていう民主的な競技があります。ここに「大人の配慮」が働くわけです。大体同じ速さで走る子どもごとにグループが作られます。確かにみんなごちゃまぜだったら一瞬にして私などビリになるわけですから、ありがたいと言えばありがたい。私たち、そう、「私たち」と言いたいのですが、私のグループは全員「肥満児」。スタートのラインに立ち、横を見ると同じような奴らが並んでいるわけで（笑）。そこで一等を取ってもあまりうれしくない。私は、そんな「大人の配慮」に深く傷ついた憂鬱な小学生時代を過ごしていました。

さらに嫌だったのが身体検査。あれは最悪でした。身体検査を考えた奴は呪ってやりたかったなあ。体重計に乗るのは恐怖そのものでした。昔の体重計でね、針がビヨヨーンと回るやつです。乗った瞬間、後ろから笑い声が聞こえる。「わあああ」と大爆笑。針をのぞき込んで「おおおおっ！」とびっくりしているやつ、肩を抱きながら「やったな、奥田！」と褒めてくれるやつ。嫌だったなあ、体重測定。体重計の針が一ミリでも手前で止まることを祈りつつ、少しでも軽くなるように息を吐き出し、台に乗る。そんなことをしても全く関係ないんだけれども……。

私の故郷は、滋賀県大津市。東海道五十三次のゴールである京都三条の手前に大津の宿がありました。この大津と京都の間に逢坂山という関所がありました。百人一首の蝉丸の有名な歌「これやこの行くも帰るも別れては　知るも知らぬもあふ坂の関」。あの逢坂の関です。現在も京都と滋賀を結ぶ交通の要所となっています。

今はありませんが、当時「逢坂山検問所」というのがありました。トラックの積載量の検問所でした。道路の端っこに、トラック一台がそのまま乗る大きな鉄板があります。それが重量計なんですね。その上にトラックが乗ると重量が計れるわけです。その鉄板の前に、直径二メートルほどの巨大なはかりがあります。目盛りが刻まれ、大きな針が重さを指します。

検問所の近くに「かねよ」という有名なうなぎ屋がありました。うちのおやじはうなぎが好きで、時々家族で「かねよ」に食べに行きました。その日も家族で「かねよ」に行ったんですが、満員ですぐには入れない。待っている間、私はあの検問所に行ったわけです。その日、取り締まりは行われていませんでした。

恐る恐る道路に設置された巨大な鉄板の上に乗ってみました。針はピクリともしない。今度は飛び乗ってみました。やっぱり全く針は動かない。心の中で「おーっ」と歓喜の声が上がります。「俺の体重、大したことないやないか」。奥田少年は胸をなでおろしたのでした。

でも、考えてみたら当然のことです。はかりの目盛りは一トン刻み（笑）。いくら百貫デブでも（笑）このはかりは動かない。ああ、この「百貫デブ」という言葉もトラウマです。一貫が三キロとして三〇〇キロ。でもね、いくら「百貫デブだ」「肥満児だ」と揶揄されていた私でも、一目盛り一トンの針を動かすことはできなかったわけです。

この日、身体検査の体重計の針の動きに一喜一憂していた奥田少年は、すべてから解放されたように思ったのです。心の中で「なんや、たいしたことないやないか。俺、何を気にしてたんや」という声がしました。逢坂山検問所の大きな「はかり」は、僕にとって大きな慰めとなりました。その後、肥満児の少年は心おきなくうなぎをいただいたのでありました。

いったい何が言いたいのかというと、どこに立って世界を見るか、何を基準に生きるのか、ということです。これは「スケールの問題」です。「スケール」は「はかり」の意味です。「ものさし」と言ってもいい。どんな「ものさし」であなたは世界を見ているか？　それが霊性、すなわち世界観の問題です。

## 4　スケールの問題

今日読んだルカによる福音書二四章一三節以下、場面はイエスが処刑された三日後です。エマオという町に向かう二人の弟子が登場します。彼らは何をしていたか。イエスが十字架で殺された。次は自分たちかもしれないと思いエルサレムから逃げようとしていたのです。エマオはエルサレムから七マイルばかり離れた村でした。道中、この間の出来事について二人は話し合っていました。するとイエス自身が近づいてきました。えっ、死んだんじゃないの？　と思いますが、すでに復活されたイエスです。三日目によみがえった復活のイエスが近づいてきて、彼らと一緒に歩き始めました。しかし、彼らの目が遮《さえぎ》られていて、その人をイエスと認めることができません。「目が遮られる」というのは、視力がなくなったということではありません。絶望のゆえに見えるものも見えなくなったということです。絶望するって怖いです。

イエスは、そんな彼らに話しかけられました。「歩きながら互に語り合っているその話は、なんのことなのか」。考えてみるとコントみたいな場面です。イエスが死んだと絶望し悲しんでいる弟子に、イエスご自身が近づいて「ちょっとちょっと、何しゃべってんの？」と言うわけですから。

弟子たちは、イエスはすでに死んだ、殺されたと思っているから、目の前にイエスが現れても「似ている人だな」ぐらいは思っても、まさか本人だとは思わない。

イエスの問いに「彼らは悲しそうな顔をして」立ちどまります。そのうちの一人、クレオパが応えます。「あなたはエルサレムに泊まっていながら、あなただけが、この都でこのごろ起ったことをご存じないのですか」と。するとイエスは、「それって何のこと?」ととぼける。「えっ、知らないの? ナザレのイエスのことですよ」とナザレのイエスに説明を始める。

「あのかたは、神とすべての民衆との前で、わざにも言葉にも力ある預言者でしたが、祭司長たちや役人たちが、死刑に処するために引き渡し、十字架につけたのです。わたしたちは、イスラエルを救うのはこの人であろうと、望みをかけていました。しかもその上に、この事が起ってから、きょうが三日目なのです。ところが、わたしたちの仲間である数人の女が、わたしたちを驚かせました。というのは、彼らが朝早く墓に行きますと、イエスのからだが見当らないので、帰ってきましたが、そのとき御使が現れて、『イエスは生きておられる』と告げたと申すのです。それで、わたしたちの仲間が数人、墓に行って見ますと、果して女たちが言った通りで、イエスは見当りませんでした」と正確に説明しました。

するとと復活のイエスが語り始めますが、「俺がイエスだ」とは言わない。「ああ、愚かで心のにぶいため、預言者たちが説いたすべての事を信じられない者たちよ。キリストは必ず、これらの苦難を受けて、その栄光に入るはずではなかったのか」。少し機嫌が悪そうです。イエスは、「モーセやすべての預言者からはじめて、聖書全体にわたり、ご自身についてしるしてある事どもを、説きあかされ」ました。

ここがポイントです。つまりスケールの問題なんです。弟子とイエスでは、ものの見方、スケールが全然違うわけです。二人の弟子は、「このごろ起ったこと」を知らないのかと言います。彼らのスケールは、過去三日間です。彼らは、「このごろ起ったこと」に悩み、絶望しています。それに対してイエスは「おまえさんたち、それを言うんだったらモーセから始めて聖書全体、つまり神の救済史から語らないといけない」と言い出すのです。スケールが全然違う。

モーセは、エジプトで奴隷だったイスラエルの民を導き出した預言者です。ユダヤ人にとってモーセは自分たちが救済された歴史そのものです。あの十字架で殺されたナザレのイエスのことを理解するには、聖書全体という「大きなスケール」で捉えないと分からない。神の救済史という「ものさし」で計らないと本当の意味を知ることはできない。「君らのスケール、ちっちゃすぎるわ。それじゃ、あかんわ」とイエスは言うのです。

弟子たちのスケールが「このごろ」、あるいは新共同訳では「この数日」であるのに対して、イエスのスケールは、聖書全体です。聖書全体というスケールを使うと三日前の絶望的な出来事が全く違って見える。イエスはそう言いたいのだと思います。

しかし、ここまで言われても弟子たちは、まだ理解できません。小さなスケールしか持っていないということの深刻さを感じます。村に近づきました。弟子たちは、この旅人に何か感じたのでしょう。先を急ぐイエスを強いて引き止め「わたしたちと一緒にお泊まり下さい」とお願いします。食事のときイエスが「パンを取り、祝福してさき、彼らに渡す」と彼らの目が開かれ「あれはイエスだ」と気づきます。同時にイエスの姿は消えてしまいます。

パンを取り、祝福して渡すというのは、あの「最後の晩餐」においてイエスが弟子たちとした食事そのものでした。その時イエスは、パンとぶどう酒を配りながら「新しい契約」について語ります。この「新しい契約」こそが「神の人類救済に関する契約」でした。「食事のたびに思い起こしなさい」。つまり、食事のたびにこの契約、聖書全体に関わる大きなスケールの話を思い出しなさい、と。そして、まさに食事の席で「あああ、あれはイエスだ」と弟子は気づくのでした。彼らは言います。「道々お話しになったとき、また聖書を説き明してくださったとき、お互の心が内に燃えたではないか」。遅いわ！　と言いたいですが、まあ、そんなものでしょう、私たちは。

その後弟子たちはエルサレム、迫害の地へと戻っていきました。小さなスケールしか持たない彼らにとって、エルサレムは迫害の地でしかありませんでした。そこにいたら殺されるに違いない場所です。それが弟子のスケールからの結論でした。しかし、復活のイエスと出会い、彼らのスケールは変えられました。「そんなちっちゃいスケールではダメ。こっちにしなさい」と聖書全体が示されたのです。その大きなスケールから見直すと、エルサレムは全く違う意味を持ちます。エルサレムで新しい神の歴史が始まっている。モーセから始まるあの悠久の歴史がそこに見えたのです。彼らは、勇気を得てエルサレムへと向かったのでした。

## 5　コロナをどこから見るか――それを言うならモーセから

イエスは、私たちのスケールを問います。スケールの小ささゆえに、私たちは現実が「絶望と暗闇」にしか見えないからです。そうではなく「モーセから始まる聖書全体」という大きなスケールで見直すべきだと、イエスは言うのです。大きなスケールで現実を計り直す。そうすると世界があまりにも違って見える。そのように大きなスケールから世界を見直す営みが信仰なのです。霊性とは、大きなスケールから世界を見直すことです。

それを言うならモーセから――このイエスの言葉をコロナ禍を生きる私たちは心に刻むべきなのです。

それを言うならモーセから――私たちは、事柄が単純ではなく大きな歴史の中で起こっていることを知るのです。

それを言うならモーセから――私たちは、真実に気づき、目が開かれ、行くべき道を示されます。弟子たちが、エマオへの道から踵《きびす》を返し、エルサレムへと向かったように。

それを言うならモーセから――私たちは、絶望と恐れの深淵から解放されるのです。

この数か月は、思いがけないことの連続でした。この先どうなるのか全く分かりません。私たちは、トボトボと「エマオへの道」を歩いているのです。たった数か月の経験からすべてを計り、絶望していたのです。世界は終わるかもしれない、経済の破綻は病気以上に深刻な事態を招くかもしれない、いや、戦争になるかもしれない。そんな思いでエマオへの道を歩んでいたのです。

しかし、イエスは、私たちに静かに近寄り「歩きながら互に語り合っているその話は、なんのことなのか」と問いかけます。そして「それを言うならモーセから。そんな小さなスケールじゃだめだ。もっと大きなスケール、そう、聖書全体から見なければいけない」と諭してくださるのです。

キリスト信仰は十字架が中心です。しかし、これが実に分かりにくい。なぜならば、十字架による処刑というのは、私たちのスケールからしたら単なる虐殺事件だからです。主人公の死は、デッドエンド、一巻の終わりを意味するからです。

しかし、それを「モーセから始まる聖書全体というスケール」をもって見直すと、十字架は新しいいのち、復活の入り口となります。そういう大きなスケールで計らないと、キリスト教は単なる絶望の物語で終わります。聖書全体というスケールで計り直したら、何が見えるか。大きなはかりで計り直したら今回のコロナ禍はどのように見えるか。やってみる価値はあります。ひょっとすると全く新しい世界が見えるかもしれません。

こういう時代こそ信仰が大切です。信頼できる宗教は、大きなスケール、新しい世界観・霊性を私たちに与えてくれます。信仰無き民、幻無き民は滅びる。私たちはどういうスケールをもって生きるのか。キリスト教のスケールでないとダメだ、などとケチなことは言いません。そもそも「キリスト教徒にならないと救われない」という教えはいかにも「スケールが小さい」。この教会は、そういう差別的な宣教理解は卒業しました。「あなたのスケールは小さすぎないか」とまっとうな問いを持つ宗教が必要です。小ささゆえに絶望している人に、もっと大きなスケールを与えてくれる。これがあるべき信仰と言えます。

大きなスケールをもって生きること、大きなものさしで世界を見ることが大切です。その営みを信仰と言いますが、苦難の時代を信仰を持って生きたいと思います。コロナをどこから眺めるか。「それを言うならモーセから」。イエスは今日も、私たちに語りかけておられます。

さて、あなたはどんなスケールをお持ちですか?

祈ります。

# 4 人であり続けるために——最後の被造物・人間

二〇二〇年五月三日

創世記一章二六—三一節

神はまた言われた、「われわれのかたちに、われわれにかたどって人を造り、これに海の魚と、空の鳥と、家畜と、地のすべての獣と、地のすべての這うものとを治めさせよう」。神は自分のかたちに人を創造された。すなわち、神のかたちに創造し、男と女とに創造された。神は彼らを祝福して言われた、「生めよ、ふえよ、地に満ちよ、地を従わせよ。また海の魚と、空の鳥と、地に動くすべての生き物とを治めよ」。神はまた言われた、「わたしは全地のおもてにある種をもつすべての草と、種のある実を結ぶすべての木とをあなたがたに与える。これはあなたがたの食物となるであろう。また地のすべての獣、空のすべての鳥、地に這うすべてのもの、すなわち命あるものには、食物としてすべての青草を与える」。そのようになった。神が造ったすべての物を見られたところ、それは、はなはだ良かった。夕となり、また朝となった。第六日である。

## 1 ステイホーム

皆さん、おはようございます。オンラインで参加の方々もおはようございます。

今日は「人とは何か」というお話です。この間、テレビでは、コロナウイルスについての解説が延々となされています。「新型」ウイルスですからよく分からない。次々に紹介される情報に一喜一憂、いや、あまり喜ぶことがないので一憂一憂しています。コロナウイルスを知ることは、感染予防という観点からも大事です。

一方でコロナウイルス、もしくはコロナ現象を考えるということは「人とは何か」、「社会とは何か」を考えることになると思います。この状況にあって人が人であり続けるとはどういうことかを考えるということです。

緊急事態宣言が延長されることになりました。経済の停滞、特に飲食店からは「もう限界」との悲鳴が聞こえています。要請と補償をセットにすることは当然です。

東京都は今年のゴールデンウィークを「いのちを守るステイホームウィーク」と名付けました。「あなたのいのちを、家族を、大切な人を、そして社会を守るため、新型コロナウイルスの感染拡大を食い止めるステイホームウィーク」が呼びかけられています。感染を防ぐためには家から出ないことが大切ですが、「人と会えない」ことが大きなリスクであることも事実です。それは「人と会わない」というあり方が、天地創造における神の意図から乖離《かいり》した状態であるからです。ステイホームは、この意味で本来の人のあり方とは違っている。だから私たちは、気を付けなければならないのです。

## 2　人とは何か

旧約聖書の創世記には、二つの天地創造の物語があります。一章が七日間で天地が創られた物語。

二章は人の創造を中心に書かれている物語です。

まず二章の創造物語ですが、以下が人の創造の場面です。

主なる神は土のちりで人を造り、命の息をその鼻に吹きいれられた。そこで人は生きた者となった。また主なる神は言われた、「人がひとりでいるのは良くない。彼のために、ふさわしい助け手を造ろう」。（創世記二章七節、一八節）

神は人をひとり創造されましたが、すぐさま「人がひとりではダメだ」と気づかれ、もうひとりを創造します。ここにおける人とは何か。それは「ひとりでは良くない」存在であり、「助け手」を必要とする存在です。

さらに創世記二章は、助け手という関係を男と女として描きます。

主なる神は人から取ったあばら骨でひとりの女を造り、人のところへ連れてこられた。そのとき、人は言った。「これこそ、ついにわたしの骨の骨、わたしの肉の肉。男から取ったものだから、これを女と名づけよう」。（創世記二章二二―二三節）

人間を「男と女」だけで語るのは無理です。女性を男性の助け手と位置付けるのはさらに問題です。ただ、大切なのは「人がひとりでいるのは良くない」という事実。「人は助けてもらわないと生きていけない」。これが人の本質です。

ステイホームのリスクは、人にとって「良くないこと」を強いられる点にあります。つまり「ひとりでいること」あるいは「他人と会わないこと」を強いられているわけです。他人と会わないことでコロナ感染は防げますが、一方で人が人でなくなっていくとしたら、これは本当に難しい問題です。そうでなくても「孤立」が問題になっていた現在の社会においては、これはいっそう難しい。毎日検温するように、自分がどれだけ人であり得ているかをチェックする必要があると思います。

「ステイホーム」は大事ですが、そもそも「ホーム」がない人は現にいます。路上で暮らさざるを得ない人々にとって「ステイホーム」は何を意味するのか。「いのちを守るステイホームウィーク」が、「自分のいのちだけを守るステイホームウィーク」で終わっていいのか。路上のいのちは関係ないと言い切り、「ひとりステイホーム」をする。それこそ「良くない」ことになります。

## 3　ホームの外で

そもそも世界中の人が「ステイホーム」をすると人類は滅亡します。「ステイホーム」を可能にしたのは、それを支えた人々がいたからです。「ステイホーム」期間中、ホームの外で働いていた人々がいた。医療従事者はもとより、エッセンシャルワーカーと呼ばれる人々が、家の外で頑張ってくれていたからです。「ステイホーム」期間中、多くのゴミが出ました。それを誰が収集していたのでしょうか。スイッチを押すと電気がつく。ライフラインを守っていたのは誰だったのか。彼らは、この間もホームの外で働いていたのです。「ステイホーム」は、これらの「助け手」によって成立していたに過ぎません。コロナは、そんな人間社会の現実を、私たちに再確認させたと思います。

先年、国は一一五万四千人（推計値）の長期引きこもり状態の方がいると発表しました。「八〇五〇問題」も深刻です。これは、八〇代の親が長年ひきこもり状態にある五〇代の子どもの面倒を見続けているという状態です。「引きこもる」というのはつらい状態です。NPO法人抱樸《ほうぼく》は、経済的困窮を「ハウスレス問題」と捉え、社会的孤立を「ホームレス問題」と捉えてきました。ハウスとホームは違う。この両者に同時的に行われる支援の仕組みが必要でした。あれから三〇年。家があっても孤立している人は年々増加していると思います。

志村けんさんや岡江久美子さんのコロナ感染死は衝撃でした。長年テレビなどで親しんだ方がコロナで亡くなったということと同時に、家族でさえ最期一緒にいることが許されなかったということが、私にとって特に衝撃でした。玄関先で遺族が遺骨を受け取られた場面に胸が詰まりました。これは人間にとって一大事です。「弔い」は人間だけの行為だからです。葬儀や弔いは人間である証拠だと言えます。それが許されないのが、コロナ禍なのです。

ホームレス支援において本人が召された場合、家族が葬儀を出されるのは一〇人に一人あるかないかです。野宿時代に「畳の上で死にたい」と言っていた人がアパートに入居後、「俺の最期はだれが看取ってくれるだろうか」とつぶやかれる。自立が孤立に終わることもあり得ます。だから抱樸は、「ひとりにしない」という支援をテーマにしてきたのです。

アパート入居時、必ずお伝えすることがあります。「今日で野宿はおしまいです。新しい生活が始まります。私たちの関係はずっと続きます。僕が先に死んだら僕のお葬式に出てください。あなたが先に逝ったら私がお葬式をします」。自立とはひとりで死なない、ひとりで死なせないということなのです。人はひとりで生きることもひとりで死ぬこともできないのです。コロナ禍は、いわばこの人であることを難しくしたのでした。

じゃあ、どうしたらいいのか。感染防止を徹底してお葬式をすることも大事ですが、私はもっと大事なことがあると思います。信じることです。看取りや弔いと並ぶ人間的な営みは、信仰です。一緒にいてあげたかったのにそれは許されなかった。家族には、ひとりで逝かせたという悔いが残ります。そんな時、「見よ、わたしは世の終りまで、いつもあなたがたと共にいるのである」(マタイによる福音書二八章)というイエスの言葉が響きます。僕はこの言葉を信じる。意地でも信じる。「あの人はひとりで逝ったわけじゃない。私が一緒だった」とイエスは宣言してくれている。私たちは、それを信じるのです。

旧約聖書はヘブライ語で書かれていますが、ヘブライ語で「言葉」というのはダバールと言います。これは「言葉」とも訳せますが「出来事」と訳してもいい。「光あれ」と神が語ると光が生まれた。神の言葉は出来事となる。私の言葉なんてほとんどいい加減ですが、神の言葉は出来事になる。となると「一緒にいる」とイエスが言った限り、それは出来事として実現する。

人と自由に会えない日々が続きますが、あきらめるわけにはいかない。コロナの時代を生きるため、私たちは信仰を持ちたいと思います。

## 4　人間とは?

終わりまで共にいてくださる方を信じる。人であり続けるにはそれが必要です。神が創造された通り「ひとりでは良くない」のです。コロナは大変ですが、コロナによって「ソーシャルディスタンス（他者との距離）」が強いられていることはもっと大変です。一方で、「人恋しい」思いが深まったのも事実です。これまであまり目を向けてこなかった人の本質に、多くの人が体験的に気づき始めたのです。

ステイホームがアウトホームによって成立していた。ひとりでは寂しい。どれも人間とは何かを示しています。人恋しい。寂しい。会いたい。濃厚接触したい。それは人であることそのものなのです。

このような事実を示しているのが創造物語です。すでに創世記二章は紹介しましたが、最後に創世記一章を読みたいと思います。

こちらは神が七日間で天地を創造された物語です。第一日の「光あれ」から始まり、第七日の神の安息で終わります。ですから天地創造は、実質六日間でなされました。

一日目、天と地が創られ、光が創られ、そして昼と夜が分けられた。
二日目、大空ができた。
三日目、大地や海、植物ができた。
四日目、太陽、月、星ができた。

五日目、魚や鳥ができた。

そして六日目、獣ができ、家畜が生まれた。さて、人はいつ創られたでしょう。人は六日目、しかも最後の被造物として誕生します。なぜ人は最後の被造物だったのか。

神は自分のかたちに人を創造された。すなわち、神のかたちに創造し、男と女とに創造された。神は彼らを祝福して言われた、「生めよ、ふえよ、地に満ちよ、地を従わせよ。また海の魚と、空の鳥と、地に動くすべての生き物とを治めよ」。（創世記一章二七―二八節）

人は神のかたちに創造されます。あらゆる被造物の中で人だけが神のかたちをいただいた。少し偉くなったような気がします。さらに神は、「地を従わせよ」「すべての生き物を治めよ」と人に告げられました。「従わせよ」、「治めよ」は、「支配しろ」と言われているように思います。強い言葉です。ますます「俺様は偉いんだ」と言いたくなります。まるで「神のかたちをいただいた人が神に代わってこの世界を支配していい」と言われているようです。

実際、人間は「そうしていいと神から言われている」とこの箇所を理解してきました。それが証拠に、キリスト教文明というものは、他の存在や自然に対して大変傲慢な態度をとってきました。環境破壊を繰り返し、多くの生物を絶滅に追いやり、果ては原発事故まで起こし、取り返しがつかないダメージを地球に与えました。そういう人類のあり方の根っこにキリスト教的な思想、いや「思い込み」があったのではないか。つまり、「人間は神に最も近く偉い存在なのだから、好き放題やっていいんだ」という思い込みです。本当にそうなんでしょうか。

農村伝道神学校で教師をされていた星野正興牧師が『神様の正体《いるところ》』（ミスター・パートナー出版部）という本にこんなことを書かれています。

私は今もって、牧師と農業という二足のワラジをはいている。畑で野菜を作っていると、人間の命を養う野菜は、ものすごくたくさんのものの力を受けて育っていることがわかる。太陽の光、天からの雨、そして土。この土の中には、顕微鏡でしか見えないような小さな小さな生き物も、ゴマンといるし、目に見えるミミズのような生き物も、野菜を育てるのに大きな働きをしてくれている。みんなみんな、人間の食べるトマトやキャベツやお米や麦のために、力を貸してくれている。そうして、そういう野菜や穀物を、人間は食べて生きている。野菜や穀物だけではない、名もない道ばたの雑草も、森の木々も、人間が生きるために、なくてはならぬものを分けてくれている。だから、自然を見つめていると、人間は生きているのではなくて、生かされているということが、よくわかる。（一六三頁）

本当にそうだと思います。今だからこそ、いっそうそうだと思えるのです。目には見えない存在が、私たちの気づかないところで私たちを支えてくれている。そういうことがないと人は生きてはいけない。「人はひとりでいるのは良くない」のであり、自分以外の存在、つまり「助け手」がなければ生きていけないのです。

話を戻します。では、人はなぜ最後に創造されたのか。私はこう思います。人が最後に創造されたのは、最後でなければならなかったからだ。最後の最後でないと人は生きていけないからだ。別に偉かったわけではない。特別な存在だったからでもありません。

人が最後に創造されなければならなかったのは、人が生きるためにはそれ以前に創造されたすべてが必要だったからです。太陽も大地も、海も草木も動物も、すべてが揃っていないと人は生きていけない。人は弱い。「人がひとりでいるのは良くない」というのは、そういうことです。神が創られた「すべてのものから力を借りて」人は生きている。そんな存在が人なのです。最後に創造された理由はそこにあるのだと思います。

「偉い」だの「支配者だ」だのと思い違いをしてはいけません。事実は真逆、誰かに助けてもらわなければならないのが人間でした。このように人が非自立的存在であるからこそ、神は創造の順番を最後にするしかなかった。「人間は生きているのではなく、生かされているということがよくわかる」と星野牧師が言っておられる通りです。

このような人の創造の真実を知った人は、必然的に生き方が変えられていきます。「自分だけ」とか、「俺様」という生き方をやめ、感謝して生きるようになります。神が「従わせよ」「治めよ」とおっしゃったのは、「支配者として君臨しろ」ではなく、「お前たちは自分以外の存在がなくなると生きていけないから、大切に守りなさい。大事にしなさい。感謝して生きなさい」というのが真意だったと思います。そうなると「神のかたち」に人を創ったのも「支配者として創った」のではなく、「守る者」、「生かす者」、そして「仕える者」（イエス・キリスト）という、まさに神の働きに参与する者として創られたのです。

私たちは、自分たちが最後の被造物である事実を忘れかけていました。「自己責任だ」、「他人に迷惑をかけるな」、「ひとりでやれ」と言われ続け、一方で他人を裁き、支配しようとし、「助けて」と言えない社会を作ってしまった。

ポストコロナはどういう世界であるべきでしょうか。それは、天地創造において示された、人と万物との関係を具現化した世界だと思います。ポストコロナは、最後に生まれるしかなかった人間、ひとりでは生きていけない人間として生きることによって形成されるのです。感謝と助け合いに満ちた世界です。

最後の被造物として生きる。それがポストコロナの生き方なのだと思います。

祈ります。

# 5　裏切る神――希望とは

マルコによる福音書一二章一〇―一一節

「あなたがたは、この聖書の句を読んだことがないのか。『家造りらの捨てた石が／隅のかしら石になった。これは主がなされたことで、わたしたちの目には不思議に見える』」。

二〇二〇年五月一〇日

## 1　はじめに

皆さん、おはようございます。ネットで参加されている皆さんもおはようございます。

今日の題名は「裏切る神」です。少々物騒な題名ですが、私たちは「神に裏切られた」と思う瞬間があります。「神はどこにおられるのか」とつぶやく日は、あるのです。

二〇一一年の東日本大震災の時、多くの人が「神はどこにおられるのか」「神も仏もあるものか」と思いました。正直な人の思いです。それほど現実は過酷だったのです。

ただ「裏切られた」という思いは、私たちが「希望」や「期待」を持っていた証拠でもあります。

ただ、その「希望」や「期待」が少々薄っぺらいと言いますか、脆弱であるがゆえに、私たちは早々に「裏切られた」と感じるのだと思うのです。

どんな状況においても「希望」を持ち続けるために、私たちは「希望」を鍛えなければなりません。私たちの「希望」は、そのままでは過酷な事態に耐えられない。今朝、自殺防止で活躍されているNPO法人ライフリンク代表の清水康之さんのことがニュースで流れていました。私もよく存じ上げている方で敬愛するお一人です。NHKの職員だった清水さんは、自殺遺児の番組を作られたことがきっかけに、NHKを辞め、自殺防止に全力で取り組むようになります。清水さんはこのように語っておられます。「このままでは平成一〇年の自殺急増と同じことになりかねない」。平成一〇年の自殺急増というのは、それまで自殺者数が二万人台の前半だったのですが、前年にアジア通貨危機が起こり、アジア一帯は経済危機に見舞われ、日本でも北海道拓殖銀行や山一證券が経営破綻、中高年の失業が増加し、自殺が前年比で八〇〇〇人以上急増したことを指します。同じタイミングでホームレスの数も急増しました。その後、清水さんたちの働きもあって自殺は減少してきました。しかしコロナ禍となり、再び経済危機が訪れ、一一年ぶりに自殺が増加傾向に転ずると心配されているわけです。

「いのちか経済か」という議論を耳にしますが、そんな選択はあり得ません。いのちが大事に決まっています。経済はいのちのためにあるわけですから。コロナ感染症でいのちを落とすか、経済破綻でいのちを落とすか。いずれにしてもいのちの問題です。

「いのちか経済か」の議論が存在するのは、この世界が「経済最優先」、つまり「お金が何よりも大事」で動いてきた結果だと思います。清水さんはこうおっしゃっています。「政府が四月七日に閣議決定した『新型コロナウイルス感染症緊急経済対策、国民の命と生活を守り抜き経済再生へ』を一読してからずっと気になっていることがある。政府は新型コロナウイルス感染症からいのちを守る意思はあっても感染症拡大の影響からいのちを守る意思はないのではないかということである」。感染症を食い止めることには意思を示したけれども、コロナの影響を受けて苦しむ人、感染していなくてもいのちの危機にさらされている人々を守る意思を感じないと清水さんは言うのです。「すべてのいのちを守る」と政府は宣言しなければならないと私も思います。

かつてライフリンクで、自殺者の経緯が調査されました。「自殺は平均して四つ以上の悩みや課題が連鎖する中で起きることが、自殺者五二三名を対象とした聞き取り調査から明らかとなっている。失業や倒産、収入の低下、生活苦、離婚などの家庭問題、あるいは健康や将来への不安、アルコール依存症やうつ状態など複数の悩みや課題が連鎖する中で、もう生きられない、死ぬしかないという状況に陥り、その末に亡くなっている人が多い。自殺と言っても、実際は自ら死を選んでいるのではなく、その多くは追い込まれた末の死なのである」。

これはホームレスも同じです。今でも「好きでホームレスをやっている」と思っている人がいますが、実はそうではなく、いくつかの状況が重なれば、誰しも家を失う危険性を持っている。アジア通貨危機、リーマンショック、そして、今回のコロナ禍におけるホームレス急増は、望むことなく追い込まれる中で起こる事態であり、本来なら避けることができる事態なのです。

けれども、すぐさま問題を解決するというのは難しい。この過酷な現実の中をどう生きるのか。つまり、絶望の闇の中で「希望の光」をどうやって見出すのか。「結局は考えようなんだ」と聞こえるかもしれないけれども、案外これは大事です。つまり、「神に裏切られた」と言わざるを得ない現実をどう理解するのかということです。

## 2　聖書の希望

聖書の示す希望を明らかにするために、まず私たちが期待している希望とは何かを考えたいと思います。多くの人は、絶望していない状態を希望だと考えます。あるいは、苦難から解放された状態を希望のある状態だと考えます。しかしながら、どっこい、そんなに単純ではない。人生は希望と絶望が日替わりメニューのように巡ってきます。今朝、希望に燃えて、夕方、「クソったれ」と思う。それが、私たちの感じている希望です。私たちにとって希望と絶望は二律背反の関係であり、どちらかが成立するとどちらかが消える。しかし、そうなんでしょうか。希望とはそんなものでしょうか。

キリスト教において「救い」は「福音」と呼ばれます。「福音」は「良きおとずれ」という意味です。つまり「グッドニュース」。ただ、注意すべきは「ニュース」を「グッドニュース」と判断しているのは、私だという点です。私にとって「良いニュース」を「福音だ」と言っているに過ぎない。「私にとって都合が良い」と思えることが「希望」であるのなら、当然私にとって「都合の悪いこと」が「絶望」になる。

しかし、そうでしょうか。それだったら単なるご利益《りやく》宗教じゃないか。神様は、コンビニエントな存在で、私の要求を満たしてくれる都合のいい存在に過ぎない。神が都合のいい存在に過ぎないならば、神は私たちの召使あるいは奴隷だということにならないでしょうか。

「この人に良いものをあげたい」と思うのは愛です。しかし私が考える「この人にとって良いもの」と「その人自身が考える良いもの」が一致しないということがしばしば起こります。親は子どもに良いものを与えようとする。イエスも言っています。「あなたがたのうちで、自分の子がパンを求めるのに、石を与える者があろうか。魚を求めるのに、へびを与える者があろうか。このように、あなたがたは悪い者であっても、自分の子供には、良い贈り物をすることを知っているとすれば、天にいますあなたがたの父はなおさら、求めてくる者に良いものを下さらないことがあろうか」（マタイによる福音書七章九―一一節）。私のような浅はかな人間は、ここを読んで「ああ神様は、私が求めるものをなんでもくださるんだ」と安堵するわけです。現にそう教えている教会は少なくない。そして、求めても与えられないと「信仰が足りません」と言われてしまう。

落ち着いてこの箇所を読み直したいと思います。「求める者に良いものを下さる」は、なかなか難しい言葉だと思います。余談ですが、イエスが先の箇所で語っている「子ども」は偉い。なぜなら、昨今「魚を食べたい」と言う子どもを見かけませんから。ハンバーグ、から揚げ、アイスクリーム、ポテチ。朝から「ポッキー食べたい」みたいな子どももいるわけです。実は私もそうでした。一方で親は「野菜を食べてほしい」と考える。だから、いろいろ説得する。「野菜食べないとウンチ出なくなって死んじゃうぞ」みたいな嘘までついて野菜を食べさせようとする。

つまり、子どもが「求めるもの」と親が考える「良いもの」が常に一致するとは限らない。確かに、「魚を求めるのにへびを与えない」はその通り。でも朝から「アイスを食べたい」と求める子どもに「魚を食べなさい」と言うことはあるわけです。

野菜を食べたいと言わない子どもに、それでも親は「野菜はいいよ」と勧める。本当の愛というのはそういうことなんじゃないか。つまり、子どもにとっての福音、「子どもが求めること」と、親が考える「子どもにとって良いこと」とは必ずしも一致しないことがある。リクエストを裏切る。それが親でもある。すべての要求には乗らないというのは親に限りません。愛する者に対しては、その人が何を求めてきたとしても、それがその人にとって「良くない」と判断すれば与えない。それは愛する者の務めです。

私は恵まれた家庭で育ちました。毎年サンタがプレゼントを届けてくれる。サンタを知らないまま大人になる子どもたちが大勢いるので申しわけないと思いつつ話します。小学生の時、「仮面ライダー」がテレビで始まった。すごく人気番組になり、私は完全にハマりました。世の中には悪い大人がいまして、すぐさま「仮面ライダー変身ベルト」が発売されたわけです。これが欲しくてたまらない。だったらと、サンタさんに手紙を書いた。「サンタさん。どうか、今年は、仮面ライダーの変身ベルトをください」と。私にとっては「仮面ライダーの変身ベルト」が「求めるもの」であり福音だった。

一二月二四日の夜になりました。我が家は、イブの日にサンタが来ることになっていました。そして届いたわけです、プレゼントが。うれしくてね。小躍りしながら包みを開きます。「顕微鏡セット」でした。ガックリ……。正直、もう裏切られた感でいっぱいです。「なんで『顕微鏡セット』なんや、『仮面ライダー変身ベルト』はぁぁぁ。俺の話聞いていた？　サンタさん、あんた耳遠いの？　大丈夫？」と知志少年のつぶやきはクリスマスの夜空に響きました。

でも、そうですよね。今から考えると、僕のことを愛してくれていたどこかの「サンタさん」が、僕にとって「良いもの」を考えてくれたんですよね。でも、その時は分からない。サンタクロースは「学びなさい、見えないものも見なさい」と言いたかったのでしょう。絶望するようなことではなかったわけです。

ああ、それと、これは余談ですが、私、小学校五年生で体重が六〇キロもあって、たぶん「変身ベルト」は入らなかったと思うんですよね。となると、もっとさびしいことになっていたと思います。そう考えると、いっそう「変身ベルト」でなくてよかったのかもしれません。

自分の求めが叶わないと、裏切られたと考えて絶望する。しかし、私が「求めるもの」が私にとって「良いもの」であるかどうかが問題なのです。私が求めているものが「私を愛してくれている人」から見た時、はたして「良いもの」なのか。魚を求めるのにへびを与える人はいないが、野菜はいやだという子どもにそれでも「ピーマン食べなさい」と言う人はいるわけです。「仮面ライダー変身ベルト」というリクエストに「顕微鏡セット」で応えてくる人がいる。それが愛だと言えなくはないか。

イエスの「なおさら求めてくる者に良いものをくださらないことがあろうか」という言葉は、「神は求めたものは何でも与えてくださる」という単純な話ではなく「求めたものとは違うが、あなたにとって良いものを与えてくださる」ことを意味している。そういう「愛ゆえの齟齬《そご》」とでもいうべき事態を捉えたのが、この言葉だと思うのです。

## 3　希望とは何か

ユルゲン・モルトマンという人が『終りの中に、始まりが』という本の中で「希望と現実の矛盾」ということを語っています。

希望の約束の命題は、現在経験している現実との矛盾を来たらせることがしばしばです。それは、なされた経験から結果として出て来るのではなく、新しい経験へと招き入れます。その新しい経験は、すでにそこにある現実を照らそうとするのではなく、来るべき多くの可能性を探り出そうとします。（一四一頁）

ちょっと難しいですが、「希望」は現在経験している現実との矛盾を来らせるということですね。つまり、これまでの経験から導きだされる結果としてではなく、新しい経験へと私たちを招き入れるのが本当の「希望」なんだと。だから、新しい経験である「希望」は、現実を照らすのではなく、来たるべき多くの可能性を探りだそうとする、とモルトマンは語るのです。これから起こる新しい経験、つまり「希望」から現在を見直すことが大事であって、私たちの思いの延長線を探ってもそこに「希望」はない。「矛盾」とはそういうことだと思います。

さらに、エーリッヒ・フロムの『希望の革命』という本があります。

希望は逆説的である。希望は受動的に待つことでもなく、起りえない状況を無理に起そうとする非現実的な態度でもない。希望はうずくまった虎のようなもので、跳びかかるべき瞬間が来た時に初めて跳びかかるのだ。くたびれた改良主義も似非《えせ》急進的冒険主義も希望の表現ではない。希望を持つということは、まだ生まれていないもののためにいつでも準備ができているということであり、たとえ一生のうちに何も生まれなかったとしても、絶望的にならないということである。すでに存在するもの、あるいは存在しえないものを望んでも意味がない。弱い希望しか持たない人の落ち着くところは太平楽か暴力である。強い希望を持つ人は新しい生命のあらゆる徴候を見つけて、それを大切に守り、まさに生まれようとするものの誕生を助けようと、いつでも準備をととのえているのである。（二七―二八頁）

「希望は逆説的である」とフロムは言います。モルトマンの「現実の矛盾」と同じことを言っていると思います。私たちの希望は往々にして非常に順接的です。「こうなれば幸せだ」と願い、それが叶うと「希望がある」と考えるからです。「仮面ライダー変身ベルトは欲しいけれど、野菜はいらない」という希望を生きている。しかし、フロムは「希望は逆説的だ」、「そんなに単純で分かりやすくはないぞ。一見矛盾しているように見える事柄の中に本当の希望があるのだぞ」と言う。

イエスは、「あなたがたは皆、わたしにつまずくであろう」（マルコによる福音書一四章二七節）と語ります。これは「イエスの希望」が「逆説的」であることを示しています。多くの人はイエスにつまずく、つまり、多くの人が持っていたイエスに対する期待、つまり「希望」をイエスが裏切るというのです。

先週のエマオ途上の弟子の話。復活したイエスが弟子に何を話しているのかと尋ねたところ、弟子は「ナザレのイエスのことですよ。あの方は神とすべての民衆との前で業《わざ》にも言葉にも力ある預言者でした。私たちはイスラエルを救うのはこの人であろうと望みをかけていました。しかし、彼は殺されてしまいました」と告げます。期待を持っていたけれどイエスは殺された。もうおしまいだと弟子は四散したのでした。その絶望の中、エマオへ逃亡する弟子。しかし、キリスト信仰というものはその絶望から始まったのです。

## 4　ペテロの裏切り――実は失望

マタイによる福音書には「ペテロの裏切り」の場面があります。イエスがゲツセマネの園で逮捕され、大祭司の家に送られた。弟子たちはイエスを置いて逃げました。でも、ペテロだけがイエスの後を追いました。彼は、大祭司の庭に忍び込み、成り行きを見届けようとしたのだと思います。当然イエスを心配してのことだったと思いますが、それだけではないと思います。

マタイによる福音書二六章には、次のように記載されています。

ペテロは外で中庭にすわっていた。するとひとりの女中が彼のところにきて、「あなたもあのガリラヤ人イエスと一緒だった」と言った。するとペテロは、みんなの前でそれを打ち消して言った、「あなたが何を言っているのか、わからない」。（六九節以下）

一度目の裏切りです。

そう言って入口の方に出て行くと、ほかの女中が彼を見て、そこにいる人々にむかって、「この人はナザレ人イエスと一緒だった」と言った。そこで彼は再びそれを打ち消して、「そんな人は知らない」と誓って言った。（七一節以下）

二度目の裏切りです。

しばらくして、そこに立っていた人々が近寄ってきて、ペテロに言った、「確かにあなたも彼らの仲間だ。言葉づかいであなたのことがわかる」。彼は「その人のことは何も知らない」と言って、激しく誓いはじめた。するとすぐ鶏が鳴いた。ペテロは「鶏が鳴く前に、三度わたしを知らないと言うであろう」と言われたイエスの言葉を思い出し、外に出て激しく泣いた。（七三節以下）

三度目の裏切りです。

実は、この直前にペテロと弟子たちは、イエスにこう宣言していました。

　ペテロは言った、「たといあなたと一緒に死なねばならなくなっても、あなたを知らないなどとは、決して申しません」。弟子たちもみな同じように言った。（三五節）

キリスト教で「裏切り者」というとイスカリオテのユダになっていますが、実は弟子全員が裏切っています。特にペテロの裏切りは、後世に伝え続けられたほど衝撃的な出来事だったのでしょう。これも余談ですが、キリスト教はこういう格好の悪いこと、みっともないことをちゃんと書き残したので、私は好きです。

さて、大祭司の庭でなされた三度の否定とは何であったのか。当然、自分も迫害の対象となる危険性があったわけですから、自己保身ということがペテロにとって一番の動機であることは間違いない。ペテロはビビったわけです。

ただ、それだけではない。もしペテロが単純に臆病者だったら、他の弟子同様、逃げていたと思います。なぜペテロはあの日、大祭司の家の庭に潜り込んだのか。彼には「最後の希望」があったからだと思います。「あのイエスがこのままで終わるはずはない。イエスのことだから、きっと何か奇跡を起こすに違いない」。そんな期待、すなわち「浅はかな希望」があったと思います。

イスラエルを救う人はあの人だとペテロや弟子たちは思っていました。エマオ途上の弟子の言葉からも分かります。あのイエスがこのままで終わるはずはない。あの偉大なる指導者、新しい王、奇跡を起こし、死人さえも復活させたあのイエスが簡単に逮捕され処刑されるはずがない。想像もつかないような仕方でこの危機を乗り越えるに違いない。今に、この悪人たちは一網打尽にやっつけられる。そのような「期待」がペテロにはあったのだと思います。だから、彼はそれを見届けるために忍び込んだ。しかし、現実はどうだったのか。ペテロは次のような光景を目にするのです。

それから、彼らはイエスの顔につばきをかけて、こぶしで打ち、またある人は手のひらでたたいて言った、「キリストよ、言いあててみよ、打ったのはだれか」。（六七節以下）

ペテロは、天の軍勢が現れてこの難局を打破するに違いないと期待していたのです。しかし、何も起こりません。

その夜、ペテロが目撃したイエスは、彼の「期待」と「希望」を完全に裏切るものでした。彼は裏切られたのです。

目の前のイエスは、ただただ「弱々しい男」に過ぎませんでした。ペテロはショックだったと思います。「こんなはずではない」、「こんなことがあってはならない」と、彼は何度も心の中でつぶやきました。

二度目にペテロが問われた時の彼の言葉は特徴的です。もう一度見てみましょう。

そう言って入口の方に出て行くと、ほかの女中が彼を見て、そこにいる人々にむかって、「この人はナザレ人イエスと一緒だった」と言った。そこで彼は再びそれを打ち消して、「そんな人は知らない」と誓って言った。（七一節以下）

「そんな人は知らない」。これはどういう意味でしょうか。単にウソをついたのではないと思います。ペテロはこのように言っているのだと思います。「そんなイエスは知らない、私が知っていたイエスはあんな人ではない。私たちが期待したのはあんな弱々しい男ではない。そんな人は知らない」と。ペテロは、自分の「希望」が破られ、自分の「期待」が裏切られたと告白したのです。自己保身ではなく、それが正直なペテロの本音だったと思うのです。

ペテロだけではありません。「浅はかな希望」が破られた時、私たちがつぶやくそのつぶやきが、あの日のペテロの「そんな人は知らない」だと思います。私たちは、「こんなはずじゃない」。神はどこにいった。神に裏切られた」とつぶやくのです。

私たちの抱く希望。それは現実の延長線上に想定される「希望」です。分かりやすいが雑駁《ざっぱく》で脆弱です。何かあればすぐにひっくり返る。私たちの気持ちひとつで「希望」は現れ、そして消え去る。そういう「浅はかな希望」ではたしていいのか。

## 5　「捨てられた」から始まる希望

聖書は、十字架という「神不在」の現実に救い主を見出せるか、希望を見出せるかを問います。私たちの「浅はかな希望」が潰《つい》えたその瞬間に、本当の「希望」が始まります。キリスト信仰は、ペテロの「あんな人は知らない」から始まったのです。これは、とても大事な事実だと思います。モルトマンが「本当の希望は、私たちの想定している現実とは矛盾する」と言い、フロムは「希望は逆説的だ」と言う。神は一喜一憂するような不安定な希望を揺るぎない希望へと変えるために、時に私たちの期待と希望を裏切られるということです。モルトマンの「新しい経験へと召される」とは、そういうことだと思います。

神が十字架において殺されるという独特のストーリーは絶対にあってはならないことでした。神が人間に殺されるなんてことはあるはずがない。しかし、そんな現実が時に私たちを襲います。聖書は、そのような「私たちの希望が裏切られる日」がキリスト信仰の始まりであり、本当の「希望」を見出す時だと告げるのです。

こういう神の見つけ方というか、どこに希望を見出すのかということは、聖書の根底的なテーマでした。たとえば、イザヤ書五三章の「苦難のしもべ」と呼ばれる箇所。

彼にはわれわれの見るべき姿がなく、威厳もなく、われわれの慕うべき美しさもない。彼は侮られて人に捨てられ、悲しみの人で、病を知っていた。また顔をおおって忌みきらわれる者のように、彼は侮られた。われわれも彼を尊ばなかった。まことに彼はわれわれの病を負い、われわれの悲しみをになった。しかるに、われわれは思った、彼は打たれ、神にたたかれ、苦しめられたのだと。しかし彼はわれわれのとがのために傷つけられ、われわれの不義のために砕かれたのだ。彼はみずから懲らしめをうけて、われわれに平安を与え、その打たれた傷によって、われわれはいやされたのだ。（二―五節）

このような救い主の姿は私たちの期待を裏切ります。しかし、それが救い主なら、もはや私たちは「神はいない、救いはない、期待も希望ももう失われた。あんな人は知らない」とは言えないのです。

私たちの神は「裏切る神」です。ただしそれは、私たちが持つ「浅はかな希望」を打ちこわし、本当の希望へと導くための「裏切り」です。苦難の日、心に風穴が開くような日、その隙間からピューーと風が吹き込む。しかし、その風穴が、新しい希望や、現在の延長線ではない新しい経験へと私たちを導くことがある。まだ終わらない、勝手に終わらせてはいけないと思います。

旧約聖書神学の大家である浅野順一さんが『ヨブ記』（岩波新書）という本を書かれています。その本の冒頭に以下の文章があります。

しかし人間一人一人の生活や心の中には大なり、小なり穴の如きものが開いており、その穴から冷たい隙間風が吹き込んで来る。その穴は或る場合は大きく、或る場合は小さく、また浅い場合、深い場合さまざまである。例えば病弱であるということも一つの穴であろう。

その穴を埋め、隙間風のはいらぬようにすることも大事であり、宗教がそれに無関係だとはいい得ない。しかし同時にその穴から何が見えるか、ということがもっと重要なことではないであろうか。穴のあいていない時に見えないものがその穴を通して見える。健康であった時には知り得なかったことを病弱となることによって知り得る。（中略）

しかるに我々はその穴を早く埋めることに心を奪われ、穴がなければ見えぬものを穴を通して見るという心構えを疎かにし、それを問題にさえしないということになり勝ちであるがそれで良いのか。

人間の持つ穴を信仰によって埋めるということも宗教の一つの機能であって、それを一概に否定してしまうわけにはゆかない。通俗的にいえば「ご利益宗教」が宗教として充分に成り立つことを認めなければならぬ。しかし宗教がご利益の面のみを主として強調する時、穴を通して見るべきものを見失うということになり、それはその宗教の重大な欠陥といわねばならぬであろう。聖書の宗教は穴を埋めるということと共に穴を通して何を見るかということに重点を置くのである。

（二二三頁以下）


ご利益もあっていい。問題解消も宗教の課題です。でも、その問題から、つまり風穴から世界を見直すこともできる。本当にそうだと思います。短い文章ですが、キリスト信仰とは何かを言い当ててくださっていると思います。

私たちの人生には悲しみの風穴が開く日があります。あの夜、ペテロにも大きな穴が開いたわけです。イエスに対する期待が裏切られた。「死ぬまで一緒」と言った自分です。だから逮捕されたイエスに対して「そんな人は知らない」と言わざるを得ない。キリスト教は、その大きな失望という穴をのぞき込むことから始まるのです。

穴をふさぐこと、つまり、人が、問題や苦難が取り去られることを望むことは、いけないことではない。しかし、それが叶わないとしても、私たちは絶望しない。本当の希望は、自分の思いが通らない日、その苦難からもう一度世界を見直す中で見出すからです。穴の開いていないときには見えないものが見えてくる。風穴から見える風景こそが、ポストコロナのあるべき社会を示すと私は思います。風穴から見える希望は脆弱ではなく、燃え尽きない炎です。そのためにも私たちは、いったん「神に裏切られる」という経験をしなければならないのかもしれません。私たちが抱く希望が、凡庸な神への期待であるのなら、私たちは「あんな人は知らない」と言わざるを得ない。だから、自分の期待・希望というものをいったん脇に置かされる経験が必要なのです。

「あなたがたは、この聖書の句を読んだことがないのか。『家造りらの捨てた石が／隅のかしら石になった。これは主がなされたことで、わたしたちの目には不思議に見える』」。

（マルコによる福音書一二章一〇―一一節）

「家造りらの捨てた石が隅のかしら石になる」。「こんなもの、もういらない」と言って捨てられたものに新たな「いのち」が宿る。本当に、神がなされることは「わたしたちの目には不思議に見え」ます。しかし、その捨てられたものがポストコロナの社会をつくる「隅のかしら石」となっていくとしたら、今、私たちが経験している「裏切り」、すなわち「裏切る神」にもうしばらく従っていきたいと思います。

祈ります。

# 6　ユダよ、帰れ――ホームとは何か

二〇二〇年五月一七日

マタイによる福音書二七章一―一〇節

夜が明けると、祭司長たち、民の長老たち一同は、イエスを殺そうとして協議をこらした上、イエスを縛って引き出し、総督ピラトに渡した。そのとき、イエスを裏切ったユダは、イエスが罪に定められたのを見て後悔し、銀貨三十枚を祭司長、長老たちに返して言った、「わたしは罪のない人の血を売るようなことをして、罪を犯しました」。しかし彼らは言った、「それは、われわれの知ったことか。自分で始末するがよい」。そこで、彼は銀貨を聖所に投げ込んで出て行き、首をつって死んだ。祭司長たちは、その銀貨を拾いあげて言った、「これは血の代価だから、宮の金庫に入れるのはよくない」。そこで彼らは協議の上、外国人の墓地にするために、その金で陶器師の畑を買った。そのために、この畑は今日まで血の畑と呼ばれている。こうして預言者エレミヤによって言われた言葉が、成就したのである。すなわち、「彼らは、値をつけられたもの、すなわち、イスラエルの子らが値をつけたものの代価、銀貨三十を取って、主がお命じになったように、陶器師の畑の代価として、その金を与えた」。

## 1　はじめに――ステイホームとは

皆さん、おはようございます。福岡県は、緊急事態宣言が解除されました。礼拝堂に集われた方、オンラインで参加されている方、お元気ですか。

今日は、「イスカリオテのユダ」のお話です。イエスの十二弟子の一人であり、最も有名な弟子だと言えます。なぜなら、ユダがイエスを裏切ったからです。キリスト教と関わりのない方でも「ユダ」を「裏切者」の代名詞として認識されていると思います。

私は、これまでユダのことを繰り返し語ってきました。ライフワークと言ってよい。ユダを考えることがキリスト教の本質に迫ることになると思います。ユダはイエスを裏切り、自殺した。しかし、その後彼はどうなったのか。イエス・キリストは、ユダをどのように考えておられたのか。キリスト教信仰が説く救済の枠組みの中でユダを捉えることはできるのか。キリスト者である私にとって、それは本質的な問いなのです。

私にとってユダを考えることは「ホームとは何か」を考えることでもありました。私たちは現在、感染を抑えるため「ステイホーム」を続けています。この何十年もの間、テレビの宣伝以外でこれだけ「ホーム」という言葉を耳にしたことはありませんでした。

それにしても、なぜ「ステイハウス」でなく「ステイホーム」だったのか。たまたまのような気がしますが、私は「ハウス」と「ホーム」の違いにこだわってきましたから、このあたりは気になるわけです。「ハウス」は「家」を指し、「ホーム」は家族等を含む「関係」を指すと考えてきました。「ハウス」と「ホーム」は違う。「ハウス」つまり「家」から出ないという物理的な対策は重要です。しかし問題は、「ステイホーム」で起きる「孤立」です。人のいのちを本気で守るには「ハウス」だけでは足らないわけで、「ホーム」が必要です。三〇年におよぶ路上生活者への支援の中で、私たちはこの事実を見てきたわけです。

「ステイホーム」と言いますが、実態は「ステイハウス」です。「ハウス」（家）が「ホーム」と呼べる場所になっていない。そもそも孤立状態にあった人や、「ハウス」が虐待やＤＶの場所になっている人にとって「ステイホーム」は苦痛に他ならない。だから、本当の意味で「ステイホーム」になっているかを問わねばなりません。「ステイホーム」が「ステイハウス」で終わっていては、感染は防げても孤立の危機は増大します。「いのちを守るステイホーム」が真逆《まぎゃく》の事態になりかねないと危惧します。

この「ハウス」と「ホーム」の違いを教えてくれたのは、路上生活をされていた方でした。今から三〇年前、中学生によるホームレスの襲撃事件が起きました。来る日も来る日も、夜中の一時、二時に自転車に乗った中学生がやってきて、ホームレス状態の人に石を投げる。その被害者であった親父さんが「なんとかしてくれ」と相談に来られました。中学校や教育委員会に相談しました。その中で被害者である親父さんが語られた言葉が忘れられません。

一日も早くやめてほしい。でも、考えてみたら夜中にホームレスを襲いに来る中学生は、家があっても帰る場所がない。家族はいても誰も心配して探してくれない。帰るところがない、心配してくれる人がいない。そういう人の気持ちは、俺はホームレスやから、分かるけどなあ。

私は、この言葉を聞いて「ハウスレスとホームレスは違う」ことに気づかされたのです。中学生は、家があるから「ハウスレス」ではない。しかし、帰る場所がなければそれは「ホームレス」だということでした。いざという時、苦しい時、失敗した時、帰る場所がないというのであれば「ホームレス」。かつて路上の片隅で見られたこの風景が、今や日本中に広がったように思います。

コロナは、そのように孤立が進む日本社会にやってきたわけです。経済の打撃を考えると給付金など経済的な支援は絶対に必要です。と同時に「ソーシャルディスタンス」を取らざるを得ない中、人と人とのつながりが心配です。「ステイホーム」が「ステイハウス」に留まり、経済的困窮と社会的孤立が同時に進んでいく。それは感染以上に大変な事態を招くことになると思います。

マザー・テレサはこう言っています。

　裸というのは、見ず知らずという理由だけで優しい心遣いを示してもらえないという意味での裸です。家がないというのは、石で作った家がないというだけではなく、自分を招き、受け入れてくれる人を持たないという故の家無しなのです。

おっしゃる通りです。自分を招き入れ、受け入れてくれる人がいない。これが「ホームレス」です。

空の鳥は何であんなに自由に大空を飛び回れるのでしょうか。それは、神が帰巣本能というものをお与えになったからです。地図もない、ナビもない、なのに自分の巣にちゃんと戻れる。伝書バトは、この本能を活用しているそうです。

ところで、最近伝書バトが帰ってこないことがあるそうです。原因は、携帯電話等の電磁波じゃないかとも言われています。ハトが飛んでいると「もしもし、もしもし」と聞こえてくるんですね。「はいはい」と応えていると道が分からなくなる。「もしもし、もしもし、オレオレ」とキツネが言います。信じて飛び込んだら携帯電話を持ったキツネが口を開けて待っている。何を隠そうキツネに悪知恵を授けたのがサギでした。帰るところを間違えるといのちに関わるということです。

いざという時に帰る場所を持っているか。「ホーム」とは、私のことを心配してくれる人がいる場所であり、赦しと恵みに満ちた場所だと思います。人生に疲れた日、うまくいかない現実に翻弄《ほんろう》された日、傷つき倒れそうになった日、そして大失敗をしでかした日。あなたはどこに帰りますか。

## 2　なぜユダは死んだのか

そこでユダですが、ユダは銀貨三〇枚でイエスを裏切ります。そしてイエスは逮捕され処刑されてしまいます。「裏切り者」、「罪人」、「赦されざる者」。ユダに与えられたスティグマ（烙印）です。しかし私は、それだけとも言えないと思うのです。

夜が明けると、祭司長たち、民の長老たち一同は、イエスを殺そうとして協議をこらした上、イエスを縛って引き出し、総督ピラトに渡した。そのときイエスを裏切ったユダは、イエスが罪に定められたのを見て後悔し、銀貨三十枚を祭司長、長老たちに返して言った、「わたしは罪のない人の血を売るようなことをして、罪を犯しました」。しかし彼らは言った、「それは、われわれの知ったことか。自分で始末するがよい」。そこで、彼は銀貨を聖所に投げ込んで出て行き、首をつって死んだ。

（マタイによる福音書二七章一節以下）

実は、弟子の中でユダだけが「後悔」しています。彼は、裏切りの代価として受け取った銀貨を返し、その後自ら死を選んでしまう。ユダはなぜ死んだのか。それが私の第一の問いでした。彼は自分が犯した罪に気づき、その罪があまりにも大きいことを苦に、その良心の呵責《かしゃく》の故に死んだ、と考えることもできるでしょう。神の子イエスに対する裏切りは「神殺し」の大罪です。「そんな大罪を犯した自分は、もはや赦されるはずがない」。ユダはそう考えて自ら死を選んだ。そうかもしれません。しかし私は、ユダの死の真相はそうではないと思うのです。ユダは後悔していました。だから裏切りの報酬を返し、反省と後悔の弁を述べたのだと思います。

「わたしは罪のない人の血を売るようなことをして、罪を犯しました」。

ユダ以外の弟子たちも、最後はイエスを残し逃げ去ります。ペテロは、イエス逮捕後、大祭司の庭に忍び込み、イエスの様子を窺《うかが》っていました。しかし、イエスの仲間であることを疑われると「知らない」と三度否みました。ペテロは直前、「たといあなたと一緒に死なねばならなくなっても、あなたを知らないなどとは、決して申しません」と言っていたにもかかわらず、裏切ったのです。十二弟子全員がイエスを裏切り、イエスをおいて逃げ去ったのです。

その中で唯一後悔の弁を述べたのがユダでした。「ユダ偉い、よく言った」と褒めてやりたい気分です。しかし、結果は全く違うことになりました。他の弟子は生き残り、ユダだけが自ら死を選ぶ。何がそこにあったのでしょうか。死の真相は何だったのでしょうか。

私は「ホーム」という観点からユダの死を見つめ直したいと思います。彼は「ホーム」、つまり「帰るところ」を見失ったのだと思います。苦しいことが起きる、時に大失敗する。「ああやっちゃった」という日がある。その日、私たちは帰りたいと思います。どこに帰りたいか。それは自分を受け入れてくれる人がいるところ、赦しのある場所に帰りたいと思います。

ユダもあの日、帰りたかったんだと思います。しかし、なぜかユダは祭司長や律法学者のところに帰っていった。イエスを殺した張本人たちのところに戻り、反省と後悔の弁を述べたわけです。「わたしは罪のない人の血を売るようなことをして、罪を犯しました」。

これに対して祭司長や律法学者は、「それは、われわれの知ったことか。自分で始末するがよい」と言ってのけました。非常に恐ろしい決定的な一言だったと思います。現代社会においてもこれは決定的な一言となります。人を死に追いやる一言がこれだと私は思います。

「自分で始末しろ」は、今日の社会に蔓延している「自己責任論」そのものです。新共同訳聖書では「我々の知ったことではない。お前の問題だ」と訳されており、より明確に自己責任となっています。ユダはそう言われて、自分で自分を始末したわけです。

皆さん、どうでしょうか。長い人生、取り返しのつかない失敗をすることがあります。その時「知ったことか、自分で始末しろ、おまえの問題だ」と言われたら、私はどうなってしまうだろうか。ユダの最大の問題、あるいは過ちは何だったのか。それは、銀貨三〇枚でイエスを裏切ったことでしょうか。それも確かに問題ですが、それだけではない。彼は、帰る場所を間違ったのです。それが彼の最大の問題だったと私は思うのです。

人はすべて罪人です。義人はいない。その通りです。私自身そうです。平気で神を裏切るのが人間だと思います。ユダと私と、一体どれほど違いがあるのだろうか。

だからこそ、私たちは、そんな大失敗の日にどこに帰るか、どこをホームとするかが重要なのだと思います。ユダはホームを見失ったのでした。もし、ユダが愛と赦しのある場所に帰っていたら彼は死ななかったと思います。

「空の鳥を見るがよい。まくことも、刈ることもせず、倉に取りいれることもしない。それだのに、あなたがたの天の父は彼らを養っていて下さる」（マタイによる福音書六章二六節）とイエスは言います。鳥は自分たちを養ってくださる方のところに帰る。帰巣本能の本質は、そういうことなのかもしれません。皆さんは、いざという時どこに帰りますか？　自分を守ってくれるホームをお持ちですか？　ハウスには住んでいても、赦して迎え入れてくれるところ、赦してくれる人、すなわち「ホーム」がなければあなたはホームレスであると言わざるを得ません。

パウロは、自分の中にある罪について深刻に苦しんでいました。ローマ人への手紙七章には、そんな彼の嘆きが書かれています。

わたしは自分のしていることが、わからない。なぜなら、わたしは自分の欲する事は行わず、かえって自分の憎む事をしているからである。(中略)わたしの肉の内には、善なるものが宿っていない。(中略)わたしは、なんというみじめな人間なのだろう。(一五―二四節)

しかし、彼は、この後こう続けるのです。「だれが、この死のからだから、わたしを救ってくれるだろうか」(二四節)。つまり、自らの罪の現実を嘆く彼は、誰のところに帰るべきかを自問します。そして彼は、「わたしたちの主イエス・キリストによって、神は感謝すべきかな」(二五節)との結論に至ります。

信仰とは何か。それは、失敗しない立派な人間になることでしょうか。できれば失敗は少ない方がいいし、善人になる方がいいに決まっています。しかし、人間の現実はそうはいかない。なぜなら義人はいないからです。となると、善人になるのが信仰の目的ではなく、罪人が赦されながら生きていくことが信仰の本質だということになります。赦された罪人として、それでもなお生きていく。それが信仰者なのだと思います。

キリスト教倫理における大前提は、すべての人が罪人である限り、いかに立派で愛に満ちた行いであっても、人の行いである限り罪を内在している、ということにあります。たとえどのような善行であっても主イエス・キリストの贖いを必要としているのが人間の行為です。赦されて生きるしかない。当然、ユダも赦されて生きられたはずです。しかし、彼は帰る場所を間違った。赦しのない場所に帰ってしまった。「おまえの問題だ、自分で始末しろ」と言う人々の所に帰っていったのです。もし、ユダが帰るべき場所、「ホーム」に帰れたら、彼は生きられたと思います。

さて皆さん、ユダのようにならないようにしましょう。本当の赦しのある場所をあなたはご存じでしょうか。お祈りします。……と終わりたいところです。が、そうはいかない。

「で、ユダはどうなったの」という問いが残ったままです。ユダを反面教師に仕立て「ユダの失敗から学びましょう。くれぐれもユダのようにならないでくださいね」では終われないのです。ここで講壇を降りるわけにはいかないのです。

## 3 救いは完全でなければ

改めて救済ということについて考えてみたいと思います。

イエス・キリストの救済は「イエス・キリストの真実」（ローマ人への手紙三章二二節：聖書協会共同訳）によるのであって、人間の側の行為や思いとは関係なく恩寵として与えられます。ゆえに、そこにはなんら差別はありません。ですから救いは普遍的な事柄なのです。

繰り返しますが、イエス・キリストの救済には差別はなく、制限も限界もない。もしも、神の赦しに「程度」というものがあって、一線を越えた人は赦されないということになるなら、その救済は不完全であり差別的だと言わざるを得ません。比較的マシな罪人は救われるが、ユダのような極悪人は無理。あるいは信仰熱心な人は救われるが、信じていない人や信じることができない人は救われない。このように一定の条件で救われるか否かが決まるというのは、現代社会の価値観と本質的に同じです。「非課税世帯が対象です」とか、「要介護三以上が入所可能です」とか、制度利用の条件ならある程度仕方ないかもしれませんが、それでさえ現在は「制度の隙間に落ちる人の存在」

が問題となり、「包括ケア」という考え方に進んでいます。昨今よく耳にするSDGs、すなわち国連が決めた「持続可能な開発目標」の中心テーマは「ひとりも取り残さない」です。このようなことが世界の常識になりつつある中で、キリスト教が「救われる人」と「救われない人」を前提にするなら「えっ、それで大丈夫？」と私は考えてしまいます。

「『隣り人を愛し、敵を憎め』と言われていたことは、あなたがたの聞いているところである。しかし、わたしはあなたがたに言う。敵を愛し、迫害する者のために祈れ。こうして、天にいますあなたがたの父の子となるためである。天の父は、悪い者の上にも良い者の上にも、太陽をのぼらせ、正しい者にも正しくない者にも、雨を降らして下さるからである。あなたがたが自分を愛する者を愛したからとて、なんの報いがあろうか。そのようなことは取税人でもするではないか。兄弟だけにあいさつをしたからとて、なんのすぐれた事をしているだろうか。そのようなことは異邦人でもしているではないか。それだから、あなたがたの天の父が完全であられるように、あなたがたも完全な者となりなさい」。（マタイによる福音書五章四三―四八節）

イエスには「敵という垣根」がなく、愛の対象は限りなく広がり、普遍化したのです。さらにイエスは、こう語っています。

「丈夫な人には医者はいらない。いるのは病人である。わたしがきたのは、義人を招くためではなく、罪人を招くためである」。

（マルコによる福音書二章一七節）

さて、このイエスの言葉の前でイスカリオテのユダはどうなるのか。それを考えるのが私のライフワークなのです。

「ユダが赦されるはずはない」と多くの人が考えていますが、それは「ユダより自分のほうがマシ」と思い込んでいるからだと思います。あるいは「ユダが救われるのなら、私は絶対に大丈夫」と言う方もいます。これも「自分はユダよりマシだ」という考えに過ぎません。そんなことが言える証拠はどこにあるのでしょうか。

繰り返しますが、救いは普遍的でなければなりません。ユダがもし救われないのなら、あるいは世の中で赦されない人が一人でもいるということになれば、神の救済は不完全だと言わざるを得ないのです。それはイエスの言った「天の父が完全である」という言葉に反することになる。そして、何よりも心配なのは、救われない領域が存在しているとするならば「私はそこにいない」とはたして言い切れるのかということです。「自分は大丈夫」とあなたは言い切れますか。

イエス誕生の知らせは天使の言葉によって告げられました。

「恐れるな。見よ、すべての民に与えられる大きな喜びを、あなたがたに伝える」。

（ルカによる福音書二章一〇節）

ここで語られる「すべての民」にユダは含まれないのでしょうか。私は、この際ケチケチせずに、み言葉通りに全員漏らさず救われていると言い切りたい。私が牧師、つまりキリスト者であり続けるというのは、これを事実だと信じることだと考えています。自分が語る救いには穴が開いていて、一定の人は救われないという「教え」を説くわけにはいかない。ゆがんだ経済社会が競争を煽るように伝道してはいけない。すべての人が救われると言い続けるしかないのです。神様は、できのいい人だけ助けるケチなお方ではありません。だいたい「できがいい」などと誰が判断するのでしょうか。人は出会いによって変わっていきます。イエスの弟子もそうだったし、教会やNPO法人抱《ほう》樸《ぼく》で出会う人もそうでした。失敗や不幸が契機となり、人と出会い、転機を迎えることがあります。だから簡単には判断できないのです。私自身がそうなのです。

ながらく教会は、「クリスチャンにならないと救われない」と教えてきました。パウロが「差別はない」(ローマ人への手紙三章)と言ったにもかかわらずです。これは差別だと思います。東八幡キリスト教会は、こういう教えを捨てました。

救済が普遍的であるべきことは、このコロナ禍の時代においていっそう明白になりました。コロナ感染症が示した世界の現実は「全員当事者」ということです。「自国第一主義」、つまり「わが国だけ」は通用しません。今後、ワクチン接種が始まると思いますが、お金のある国だけがワクチンを打てたとしても貧しい国で感染爆発が起きます。感染が長引くだけウイルスが変異することも十分考えられます。グローバル化した世界においては実質「水際対策」は無力です。だったら、世界全体で普遍的に対策を立て、すべての人が生き残る道を模索するしかないのです。

## 4　自殺の問題

ユダの死を考える時、自殺をどう理解するのかは大きな課題となります。なぜならば、長い間キリスト教会は自殺は赦されないと教えてきたからです。

ただ「自殺は罪か」と問われると、私は「自殺は罪だ」と答えます。自殺は間違いなく罪です。聖書は「汝、殺すなかれ」と言っています。しかし、もう少し正確に言うと「自殺も罪だ」と言いたいのです。クリスチャンは本当に勝手で、「自分の罪は赦された」と感謝しつつ、一方で自殺した人に対しては「自殺は赦されない」と断罪する。これはおかしな話です。自分勝手なことを言ってはいけません。自分の罪は赦されたと確信しているのに、なぜあの人の罪は赦されないと言えるのか。あなたの罪が赦されたのなら、同様に自殺した人の罪もイエス・キリストの十字架の贖罪において赦されている。教会が語る赦しは普遍的であるべきです。

神様の目から見たら罪に軽重などありません。日ごろ、細々《こまごま》した罪を重ねながら私たちは生きています。その延長線上に他殺も自殺もあります。イエスは、こんなことも言っています。

「昔の人々に『殺すな。殺す者は裁判を受けねばならない』と言われていたことは、あなたがたの聞いているところである。しかし、わたしはあなたがたに言う。兄弟に対して怒る者は、だれでも裁判を受けねばならない。兄弟にむかって愚か者と言う者は、議会に引きわたされるであろう。また、ばか者と言う者は、地獄の火に投げ込まれるであろう」。

極端だと思われる方もおられるかもしれませんが、罪は罪だということです。

さらに「自殺は追い込まれた死だ」と考えるのが自殺対策における基本的な認識です。社会が抱える貧困や孤立、格差や排除・差別などが絡まりあい、その結果「自殺に追い込まれる」。だから、自殺は社会問題であって、様々な対策を講じることで防ぐことができると言われているのです。

「自殺をしたからユダは赦されない」という考え方は、間違っていると思います。繰り返しますが「自殺も罪」です。すべての「罪人を招くため」にイエスは来られた。イエスにとっては、あなたも、私も、そしてユダも「招かれた罪人」です。

## 5 ユダよ、帰れ

話をユダに戻します。ユダが自殺したのは、彼が帰るべきホームを見失ったからだと先に述べました。抱樸は、帰るところを見失った人たちと出会い続けてきました。公園の隅っこで、ひとりひっそりと亡くなった人がいました。テントの中で自らいのちを絶った人もいました。ユダにせよ、彼らにせよ、その後どうなったのか。これを考えることが信仰を持つということだと思います。

「ホームにたどり着いた人は天国に行けましたが、帰る場所を見失ったユダのような人は地獄に行きます」でいいのか。生きていた時にホームと呼べるものがなく、死んでからもホームに入れてもらえない。そんな神様なら、いらないと思います。私たちが「福音」と言ってきた事柄がそんな陳腐《ちんぷ》なことなら、それはずいぶんひどい話ではないか。私は、牧師として意地でも彼らを「成仏」させなければならないと考えます。それが教会の使命です。

ここから先は信仰を持って語りたいと思います。私は考えます。全知全能の神は、実に不自由な方であると。全能の神にもできないことがあります。それは「見捨てる」ことです。神は何を言おうが自由であり、何でも言えるのだが、実は絶対に言えない一言があります。「知ったことか、自分で始末しろ、それはおまえの問題だ」。神様は逆立ちしてもこれは言えない。

私をはじめどうしようもない奴は現にいるわけです。だから神様は、時には「お前の問題だ」と言ってみたいと思われているに違いない。しかし言えない。「それを言っちゃあおしめえよ」なのです。神様は、そんな私たちのために実に不自由なあり方を選んでくださったのです。「ユダはイエスを裏切り、自殺しました。だから彼を救うわけにはいきません。それは自業自得だからです。皆さんはユダにならないでおきましょうね。神様より」では済まないのです。

しかし困ったことに、聖書には自殺後のユダに関する記事はありません。ここから先は信仰的な想像、福音的な創作をもって語るしかない。今から私が語るのは完全な作り話です。ですが聖書全体のメッセージからするとそんなに間違っていないと思います。ここはお許しいただきまして、「オクダによる福音書」を聴いていただきたいと思います。

ユダ自身は、自らを悔い改めるべき罪人、赦されざる罪人だと認識していました。ゆえに死後、彼は「地獄に行くしかない」と覚悟していました。彼の魂は陰府《よみ》へと落ちていきます。

そのころ地上ではヴィア・ドロローサ（悲しみの道）をイエスが十字架を背負わされて進んでいました。最期の時を過ごしていたのです。鞭打たれた体からは血が滴り落ちます。自分が磔《はりつけ》になる十字架を背負わされているわけです。どれだけの恐怖にさらされていたことでしょうか。

処刑場は、ゴルゴタ（どくろ）の丘と呼ばれていました。すでに二人の強盗がイエスの両側の十字架にかけられており、彼らの呻き声が丘に響いていました。

ユダは、はるか彼方で織りなされるその風景を茫然と眺めながら陰府へと下っていきます。彼は深い絶望に包まれていきます。「俺が裏切ったばかりに。イエス様、本当にごめんなさい」。ユダの目に涙が溢れました。

「カーン、カーン」。金属がぶつかる乾いた音が天地に響き渡ります。イエスを釘で貫く音です。イエスの呻きが二人の強盗のそれと重なります。その音は陰府に下るユダにも届きました。金槌が振り下ろされる度に、ユダは自分の心臓がえぐられるような痛みを感じていました。しかし、いまさら取り返しはつきません。「自分は地獄に落とされて当然のことをした。しかし、罪無きイエスが処刑されている。私はなんということをしてしまったのだろう」とユダは自分を責め続けました。

陰府に下るユダを底なしの闇が覆います。彼は泣き続けていました。しかし涙よりも早く彼は陰府に落ちていくのでした。ユダは地獄のことを考えていました。これからどんな目に遭わされるのだろう。どんな裁きが下るのだろう。彼は恐怖に支配されていきます。

いよいよ地獄の門が見えてきました。その時、はるか彼方からイエスの声が聴こえてきました。正直ユダは聴きたくなかった。なぜなら、それは自分に対する呪いの言葉に違いないと思ったからです。「お前を恨む」「絶対に赦さないぞ」。そんな言葉を投げつけられても当然のことをしたとユダは考えていました。しかし……。

「父よ、彼らをおゆるしください。彼らは何をしているのか、わからずにいるのです」（ルカによる福音書二三章三四節）。彼の予想を裏切って、イエスの言葉が彼の心に届きます。その瞬間ユダは自らの本当の過ちに気づいたのです。つまり、イエスを裏切ったことではなく、帰るところを間違えたということでした。「なぜ俺は、あの日このイエスのもとに帰らなかったんだ。祭司長や律法学者ではなく、このイエスのもとに帰るべきだったんだ。俺はなんて馬鹿だ。大馬鹿野郎だ。あの人のところに帰ったならば俺は生きることができたのに」。彼は本当のことに気づいたのでした。

しかし、すべては遅かった。彼はそんな自分を嘆くしかありませんでした。「ああ、私はなんとみじめな人間か。この死のからだから誰が私を救ってくれるだろうか」とユダは嘆くのです。

気づくと地獄の門の前に立っていました。その先は陰府の国。自分自身がしでかしたことであるにもかかわらず、この先の裁きを考えるとユダは逃げ出したくなるのでした。

「ギィ、ギィ、ギーィ」。重苦しい音とともに大きな門が開きました。恐怖に震えるユダ。恐る恐る目を開けます。そこには誰が立っていたでしょうか。地獄の悪魔たちでしょうか。違います。そこには傷ついたイエスが立っておられました。

イエスは手を広げてユダを抱きかかえられたのです。「ユダよ、帰れ。お前が帰るべきは私のところなのだ。私こそがお前の帰る場所、ホームなのだ。私はお前よりも先に地獄に下り、お前の受けるべき裁きを受けた。お前の罪は裁かれた。大丈夫だ。お前は赦された罪人としてこれからも生きるのだ。私と一緒においでなさい。さあ帰ろう」。ユダはイエスに抱きとめられ天へと昇っていきました。イエスの懐《ふところ》に抱かれたユダは、まるで赤ちゃんのように大声で泣き続けました。その日、ユダは帰郷を遂げたのでした。

以上が「オクダによる福音書」です。何度も本に載せようとしたのですが、どうしても掲載されなかった。やっぱりユダが救われたら困るということでしょうか。確かに勝手な結末であり、単なる創作に過ぎません。聖書にはこんな話はありませんが、福音の話だと私は思うのです。人間の本質が「何をしているか分からない」という事実にあり、だからこそイエスが「彼らの赦し」を祈られたこと。イエスの負われた十字架が他者の十字架であり、すなわち私の罪の十字架であったこと。創作に登場したこれらの要素はすべて聖書から拝借しました。

## 6　おわりに

ユダ自身がそうであったように「何をしているのか分からない」のは、私の現実にほかなりません。「なんとみじめな人間か」と嘆くしかない私。だからこそイエスはあの十字架の祈りを祈るため、下ってきてくださったのだと思います。

イエスが地獄で待っておられたというのも実は完全な創作ではありません。大変示唆に富む文章があります。『福音と世界』（新教出版社）の二〇〇三年八月号に鈴木伶子先生の一文が紹介されています。

丸木美術館の丸木俊《とし》さんとホテルで同室になったことがあります。俊さんは夫の位里《いり》さんと共に、原爆、南京、アウシュヴィッツと二十世紀の悲惨な殺戮を描いたあと、最後に「地獄」の絵を描きました。ヒットラー、東条と殺戮の責任者を地獄の図に描きこんでいき、最後に「戦争を止められなかった私たちも悪い」と位里さんが俊さんを、俊さんが位里さんの姿を地獄に描きこんだそうです。ホテルで位里さんからの電話を受けた俊さんは、「地獄の友達からの電話よ」と私に笑顔を向けられました。

戦争を止められなかった責任を感じ、自らを地獄の図に描いたご夫妻に深く感動したことを告げた後に、私は次のように付け加えました。「キリスト教では、神様が私たちのために地獄にまで降りてきてくださったのです。それが私の信仰の基にあります」。俊さんは、黙って晩酌を続けられ、私も「やはり通じなかったか」と思い、そのまま床に着きました。ところが翌日の朝食の時、俊さんが「昨日の地獄の話をもう一度話してちょうだい」と言われるのです。私は、使徒信条に従って、イエス・キリストが人間となり、苦しみを受け、十字架で殺され、「黄泉にくだり《ママ》」と礼拝で信仰告白をしていることをお話しました。黙って聞いていた俊さんは、しばらくしてボツリと「すごい話だ」とおっしゃいました。

「すごい話」を私たちはいただいている。東八幡キリスト教会の礼拝では用いていませんが、多くの教会が使っておられる「使徒信条」の中に「ポンテオ・ピラトのもとに苦しみを受け、十字架につけられ、死にて葬られ、陰府《よみ》にくだり、三日目に死人のうちよりよみがえり、天に昇り、全能の父なる神の右に座したまえり」とあります。これは二世紀後半のものだと言われていますが、イエスが「陰府にくだる」ということを告白しています。イエスはなぜ陰府に下られるのか。それはユダを迎えに行くためだ。そう考えてはダメでしょうか。

さて、あなたには帰るところがありますか。いざという時、もう死んでしまいたいと思う日、大失敗の日、あなたはどこに帰りますか。

人生は失敗の連続です。そんな日にはイエスのもとに帰ろうと思います。そして、もし私が帰り道を見失ったとしても、イエスは、陰府・地獄にまで私を迎えに来てくださると私は確信しています。

「ユダよ、帰れ!」。この一言が「自分で始末しろ」、「知ったことか」、「お前の問題だ」と言い放つ無縁社会に響きわたります。私たちには安心してステイできる「ホーム」が必要なのです。それは建物ではなく、赦しのある場所です。「ステイホーム」せざるを得ない日々が続きますが、「ステイハウス」ではなく「ステイホーム」を模索する時としたいと思います。

教会はキリストのからだであり、真のホームであるべきなのです。「いざとなったら帰ってこい」と大声で伝道する教会になろうと思います。

祈ります。

# 7　名もなき有名人——あなたがあなたであること

二〇二〇年五月二四日

ルカによる福音書一〇章一七―二〇節

七十二人が喜んで帰ってきて言った、「主よ、あなたの名によっていたしますと、悪霊までがわたしたちに服従します」。彼らに言われた、「わたしはサタンが電光のように天から落ちるのを見た。わたしはあなたがたに、へびやさそりを踏みつけ、敵のあらゆる力に打ち勝つ権威を授けた。だから、あなたがたに害をおよぼす者はまったく無いであろう。しかし、霊があなたがたに服従することを喜ぶな。むしろ、あなたがたの名が天にしるされていることを喜びなさい」。

## 1　はじめに

皆さん、おはようございます。オンラインでご参加の方々もお元気ですか。緊急事態宣言が解除されました。しかし、感染者数は、再び増えてきています。

「不要不急の行動は控える」ということですから、この間私はずっと家にいました。そして「何が不要で、何が不急か」を考えていました。

考えていますと、そんなことよりもっと大切なことを考えるべきだと気づかされました。それは「何が不要か」ではなく「何が必要か」、「何をやめるか」ではなく「何をやるか」ということでした。私にとって礼拝は「やること」でした。当然、感染対策をしっかりしつつですが。その他にもいろいろやめられないことがありました。「つながること」「助け合うこと」「ひとりにしないこと」など。何をやめて、何をやめないかを、キチンと整理したいと思います。

来る日も来る日も感染者数を数えてきました。世界の感染症数は五二五万人、死者は三三万九千人。日本では一万六五四三人が感染し、八一四人が亡くなりました。世界の感染者数に比べれば少ないと言えるかもしれませんが、これからどこまでこのような状況が続くのか、不安はいっそう強まっています。東京の感染者数と福岡の感染者数を比べて「まだ大丈夫」と安心している自分がいます。全体の傾向を知ることは大切だと思いますが、いつの間にか「人」が「数」になっている。しかし、その数もひとつひとつに名前があり人生がある。一〇〇人だから大変で三〇人ならよかったということにはならないはずなのに、いつの間にか、名前のある個人の出来事であることが忘れられているようにも思います。これもまた「コロナ禍」だと言わざるを得ない。

二〇一六年七月に起こった相模原事件の被告人に対して、死刑判決が出ました。被告の植松聖《さとし》くんは控訴しないと決めたようで、死刑は確定しました。この事件の報道や公判では、被害者の実名を出さないということが徹底されました。実名を希望された家族もいましたが、大半は匿名で審理が進められました。殺人の被害者は「甲A」「甲B」と呼称し、殺人未遂等の被害者は「乙A」とされました。さらに、職員の被害者は「丙」。この事件は当初から「名前のある個人」という当然の原則さえ守られない日本社会の実相を示していました。なぜ名前は隠されたのか。障がい者に対する差別を心配する遺族や被害者家族の意向があったとのことです。名前を公表すると「子どもが障がい者だったと分かる」、「家族に障がい者がいたことが判明し家族が差別を受ける」。これらのことを心配した結果でした。なんという社会かと思います。人が殺されたのに、その被害者の家族が差別を恐れなければならない社会。ひとりひとりかけがえのない名前のある個人です。「障がい者」でひとくくりにするわけにはいかないはずなのに、甲、乙、丙とはどういうことでしょうか。

家族の本音は、本名で審理して欲しかっただろうと思います。唯一、名前を公表されたのが、重傷を負った尾野一矢さんでした。お父さんは「障がい者への差別がなくなるように、実名での審理を選んだ。全員が名前や顔を出して裁判に臨めるような世の中になってほしい」とコメントされています。感染者にせよ事件の被害者にせよ、名前と顔のある個人であることを踏まえない限り、私たちは、本当の悲しみや問題点に迫ることはできないのかもしれません。

## 2　宮沢賢治「よだかの星」から

宮沢賢治が一九二一年頃に書いたとされる小説に『よだかの星』があります。私は小学生の時に教科書で読んだ覚えがあります。賢治が亡くなった後、一九三四年に出版されています。ちょっと読みます。

よだかは、実にみにくい鳥です。顔は、ところどころ、味噌《みそ》をつけたようにまだらで、くちばしは、ひらたくて、耳までさけています。

足は、まるでよぼよぼで、一間《いっけん》とも歩けません。

ほかの鳥は、もう、よだかの顔を見ただけでも、いやになってしまうという工合《ぐあい》でした。

（中略）

ある夕方、とうとう、鷹がよだかのうちへやって参りました。

「おい。居るかい。まだお前は名前をかえないのか。ずいぶんお前も恥《はじ》知らずだな。お前とおれでは、よっぽど人格がちがうんだよ。たとえばおれは、青いそらをどこまでも飛んで行く。おまえは、曇《くも》ってうすぐらい日か、夜でなくちゃ、出て来ない。それから、おれのくちばしやつめを見ろ。そして、よくお前のとくらべて見るがいい。」

「鷹さん。それはあんまり無理です。私の名前は私が勝手につけたのではありません。神さまから下さったのです。」

「いいや。おれの名なら、神さまから貰《もら》ったのだと云《い》ってもよかろうが、お前のは、云わば、おれと夜と、両方から借りてあるんだ。さあ返せ。」

「鷹さん。それは無理です。」

「無理じゃない。おれがいい名を教えてやろう。市蔵《いちぞう》というんだ。市蔵とな。いい名だろう。そこで、名前を変えるには、改名の披露《ひろう》というものをしないといけない。いいか。それはな、首へ市蔵と書いたふだをぶらさげて、私は以来市蔵と申しますと、口上《こうじょう》を云って、みんなの所をおじぎしてまわるのだ。」

「そんなことはとても出来ません。」

「いいや。出来る。そうしろ。もしあさっての朝までに、お前がそうしなかったら、もうすぐ、つかみ殺すぞ。つかみ殺してしまうから、そう思え。おれはあさっての朝早く、鳥のうちを一軒《けん》ずつまわって、お前が来たかどうかを聞いてあるく。一軒でも来なかったという家があったら、もう貴様もその時がおしまいだぞ。」

「だってそれはあんまり無理じゃありませんか。そんなことをする位なら、私はもう死んだ方がましです。今すぐ殺して下さい。」

「まあ、よく、あとで考えてごらん。市蔵なんてそんなにわるい名じゃないよ。」

鷹は大きなはねを一杯《いっぱい》にひろげて、自分の巣《す》の方へ飛んで帰って行きました。


「よだか」は、ハチスズメやカワセミの兄でありながら、醜さゆえに仲間から嫌われ、ついに鷹から改名を強要されてしまいます。「市蔵という名前に変えろ」と。彼は生きることに絶望し、太陽や星に願いを叶えてもらおうとしますが相手にされません。名前を奪われた「よだか」は、夜空を飛び続けます。最後に悲鳴をあげ、青白く燃え上がり、星となりました。それが「よだかの星」です。

名前を奪われるとはどういうことか。それは死を意味するのだと宮沢賢治は考えたのです。なぜなら、名前とはその人自身であり、人格そのものだからです。ポール・トゥルニエというスイスの精神科医は『なまえといのち――人格の誕生』という本の中で、人間は名前で呼ばれることで人格となると語っています。名前で呼ばれることで「その人がその人」になっていく。本当にそうだと思います。その人がその人であることが名前を持つ意味です。そんな大事な名前を勝手に変えられるとか、匿名化されてしまうとか、ましてや数字でひとくくりにされることは耐えられないはずなのです。

賢治がこの作品を書いたとされる一九二一年ごろ、日本は朝鮮半島を支配していました。一九一〇年の「日韓併合」(侵略)以後、大日本帝国は三六年間にわたり朝鮮半島を支配しました。強制連行や「従軍慰安婦」(戦時性奴隷)の事実は、今も大きな傷となっています。「日韓併合」において日本がとった政策の一つが創氏改名でした。これは一九三九年一一月の「朝鮮民事令改正案」が根拠となっています。ですから「よだかの星」の出版後のことになりますので「よだかの星」が創氏改名を批判した作品であったとは言えません。しかしこの作品が、そんな時代の中で書かれたのは事実だと言えます。

## 3　名前は人格――すでに天に記されていることを喜ぶ

わが家の子どもたちの名前は、両親である私たち夫婦が付けました。一人目の愛基《あき》は、当初「歓《かん》平《ぺい》」にするつもりでした。平和を歓ぶ人で「歓平」。いい名前だと思い実家の母親に電話をすると、「そんな漫才師みたいな名前、あかん」の一言で撃沈。漫才師さんに失礼で申しわけありません。それで新約聖書のエペソ人への手紙三章の「また、信仰によって、キリストがあなたがたの心のうちに住み、あなたがたが愛に根ざし愛を基として生活することにより、すべての聖徒と共に、その広さ、長さ、高さ、深さを理解することができ、また人知をはるかに越えたキリストの愛を知って、神に満ちているもののすべてをもって、あなたがたが満たされるように、と祈る」（三章一七―一九節）という箇所から「愛基」と名付けました。

二人目は創世記一章の「光あれ」で「光有《みう》」。まさに、わが家の光だったわけでございます。

三人目の時も少々難航しました。当初は「時喜《とき》」としたかったのですが、妻から「いつも喜ぶことなどできない。どんな時でも生きてほしい。どんな時代になろうが生き抜く人になってほしい」との修正動議が出され、「全くその通り」ということで「時生《とき》」になりました。

名前は重要です。「私は人間を愛します」と目の前で言われたとしてもピンとこない。しかし、「私は奥田知志を愛します」と言われたらドキッとします。それは間違いなく僕のことを言っているからです。そこに奥田知志という人格が明示されているからです。

ルカによる福音書一〇章には、イエスによって派遣された七二人の弟子が戻ってきた様子が書かれています。

七十二人が喜んで帰ってきて言った、「主よ、あなたの名によっていたしますと、悪霊までがわたしたちに服従します」。彼らに言われた、「わたしはサタンが電光のように天から落ちるのを見た。わたしはあなたがたに、へびやさそりを踏みつけ、敵のあらゆる力に打ち勝つ権威を授けた。だから、あなたがたに害をおよぼす者はまったくないであろう」。（一七―一九節）

弟子たちは、イエスの名で悪霊払いができたことを報告し、それを聞いたイエスも「わたしはサタンが電光のように天から落ちるのを見た」とその働きを喜びます。

しかし、その後、イエスは弟子にこう告げました。

「しかし、霊があなたがたに服従することを喜ぶな。むしろ、あなたがたの名が天にしるされていることを喜びなさい」。（二〇節）

素晴らしい働きをした弟子たちでしたが、イエスは「もっと大事なことがある」と言うのです。悪霊が服従することよりもっと大事なのは、あなたの名が天にしるされているという事実だ、と。

名前とは何かを考えたいと思います。「名」という字を辞書で引くといろいろ出てきます。「有名」、「高名」、「大名」、「名高い」、「名曲」、「名剣」、「名犬」、「名産品」、「名誉」、「名を上げる」。弟子たちは旅先のすばらしい働きで、まさに「名を上げて」帰ってきたのです。そんな弟子に「いや、それを喜ぶのではなく、あなたの名が天に記されていることを喜べ」とイエスは釘を刺します。これは何を意味しているのでしょうか。

たとえばこのように考えることもできます。つまり、イエスは「名を上げた」と喜ぶ弟子たちに「もっと謙虚になりなさい」と言いたいのではないかということです。ルカによる福音書一八章には、次のようなイエスの言葉があります。

「あなたのする事がまだ一つ残っている。持っているものをみな売り払って、貧しい人々に分けてやりなさい。そうすれば、天に宝を持つようになろう。そして、わたしに従ってきなさい」。
（二二節）

つまり、善い行いをすれば天国で功績が認められるから、がんばりなさいと読めます。さらに、マタイによる福音書六章ではこのように語ります。

「施しをする時には、偽善者たちが人にほめられるため会堂や町の中でするように、自分の前でラッパを吹きならすな。よく言っておくが、彼らはその報いを受けてしまっている」。
（二節）

「天に名が記されていることを喜べ」というのは、偽善者のようにこの世で名声を残すのではなく、神様はちゃんと見てくれているのだからこの世では謙虚でいなさいということでしょうか。つまり、天国の帳面には「奥田さん、善行一回」と記録されている。「名を上げたい」とか「有名になりたい」とかやっていると、「すでに報いを受けてしまっている」。良いことは隠れてする。これはこれで大切な指摘です。でも、本日の箇所で、そういうことをイエスは言いたいのでしょうか。そうであるならば、結局、この世で名を上げるか、天国で名を上げるかの違いであって、同じ価値観の下にすべてが語られていることになります。つまり、「良いことをしたら評価される」というなら、成果主義のこの世の中とあまり変わらない。立派なことをしないと名は残らないという論理自体が、あまりに平凡だと言わざるを得ない。イエスは、そんなつまらないことを言われるだろうか、と私は考えてしまうのです。

確かに人前で「どうです？　私ってすごいでしょう？」と言ういやらしい人にはなりたくない。しかし、そもそも「そんなすごいこと」ができない人はどうしたらいいのか。どちらかと言うと悪いことが得意というのが、人間、つまり、罪人の本質だとも言えます。

先ほど紹介した「名」に関する辞書の記載には、こんな言葉も登場します。「悪名」、「汚名」、「名を汚す」、「浮名」です。つまり、名前という時、それは「人格」を表すのであって、その人のすべてを包含しているわけです。「名を上げる」という面と「名を汚す」という面が、一人の人格の中に存在している。それが名前ということだと思います。だから「良い面」だけを切り取って、それをもって「私の名前です」というわけにはいかない。奥田知志という名前には、すべてが含まれているわけで「悪名」の部分も含めて奥田知志なのです。イエスが「あなたがたの名が天にしるされている」という時、すべてを含む人格としての「あなたの名」が記されているということを意味するのだと思います。となると、悪をも含んでいるにもかかわらず自分の名前が天国に記されているならば、それは本当に喜ぶべきことだと思います。

「どうです、すごいでしょう」とはしゃぐ弟子に「それはすごい！」と褒めつつも、イエスは「いやいや、そこじゃない。大事なのはそれではない。何よりも重要なのは君たちが良い行いをしようが、罪人で終わろうが、君の名が天国に記録されているという事実だ」と言われているのです。

現に弟子たちは、この後イエスを裏切ります。ペトロは三回「あんなやつ知らない」と言い張ります。十二弟子の誰一人イエスに最後まで従う者はいませんでした。前回話したユダは「悪名」そのものです。そのユダの名前も天に記されている。先週の「ユダよ、帰れ」の主旨と同じです。「良い行いをしたから名前が天に記される」とすれば十二弟子の名前は誰一人として記されることはなかった。でも、ちゃんとあるのです。ユダも含めて。

良くても悪くても、あなたの名です。あなたの人格のすべてが神に覚えられている。自分の良いところだけを見てほしいという気持ちは誰にでもあります。でも、神様の前ではそういうわけにはいかない。名が記される、つまり私のすべてが記録され受容されている。神は、すべて承知の上で褒めるべきことを喜び、悲しむべきことを悲しみ、赦しをもって私の名を天に記してくださっているのです。

「そっちの方がよっぽど大事でめでたいんじゃないの」とイエスが言うのは本当にそうだと思うのです。つまり、「名が記される」ということは、私に対する絶対的な受容なのです。

「名」という漢字は「夕」と「口」からできています。夕暮れ時の薄暗いなかで、自分の存在を人に告げるために「私は何々です」と名乗っている、そんな情景を示しているそうです。夕暮れ時の薄暗さは、人間存在の薄暗さを示しています。人間は半分明るく半分暗い。「どうです、悪霊を追い出しましたよ。すごいでしょう」と胸を張る一方で裏切ってしまう。そんな薄暗い存在である私の名を神が呼び求めている。それが「名」に関する私のイメージです。

神は、その声を聴いてくだり、その薄暗さの中で、私の名前を呼ばれる。名前は一つです。表彰状も罪状書きも、奥田知志です。その一つの名前が天国に記されている。これは恵みなのです。神は、良いことをしたから名前を覚えるなどというケチな方ではなく、悪いことしたらすぐ除名するということもされない。

「あなたがたの名が天にしるされていることを喜びなさい」ですが、「しるされている」は、三人称単数・完了受身形で書かれているそうです。となると「すでに天に記されてしまっていることを喜びなさい」と訳せます。つまり、「これから記されますよ」とか「良いことをしたら記してもらえますよ」ではなく、「もうすでに記されてしまっている」と言いたいわけです。あなたが生まれたその日から、あなたの名前は天国に記されているとイエスは言っておられます。

神のみ前に本名で生きる。これが信仰ということです。いい人になったら名前を覚えていただけるということではありません。いずれ神の前に立つ時、私たちは、ただ自分の名前を言えばよいのです。「私は奥田知志です」と。「奥田知志のことなら、すべて記されている。私はすべてを知っている。だから、大丈夫。安心しなさい」と神はおっしゃってくださる。

## 4　最後に――「自分の名前だけははっきり言えよな」

最後に、私の尊敬する横川澄夫牧師のことを紹介したいと思います。横川牧師が京都の北白川の教会におられたときに『北白川Tの字交差点』という詩集を出版されています。特に感銘を覚えたのは「耕《こう》へ」という詩です。

「耕」は、息子さんの横川耕さんのことです。耕さんは、幼いころに急性骨髄性白血病になられ、召されてしまいます。以下は、闘病の姿を記した詩です。

今日、まわたで首をしめられるように　と熊野さんは言った
いえ、今はもう鉄の爪なのです　とぼくは言いかけたが　言えなかった
（中略）
木から落ちなかったらよかったのになあ　と耕は言う
あれから二年半が経った
ほんとうは、木から落ちたとき
もう病気は始まっていたのかもしれぬ
急性骨髄性白血病です
と医師が病名を告げたとき
万一、間違いと言うことはありませんか
と尋ねるぼくに
細胞が現れているので間違いありません
と医者は確信深げだった
だが、
なおるとは言えません
と自信なげだった

今、あと一と月でしょうと
医者は言う
どうしてこんなにしんどいのかなあ
と耕はつぶやく
歯ぐきから血が吹き出しはじめると止まらない

四〇度の熱が出る
熱さましの坐薬をいれようと
看護婦さんがざわつく
お尻から物を入れるなどいやだ
という君の感覚を
ぼくはいさぎよいと思う

カニをくい
カキをくう
女房はしがんで口にいれてやる
おいしいなあ

という耕
物を味わい続ける君を
ぼくはりっぱだと思う

病気を怒りつづける君
だから、ぼくは詩を書き続ける

（一九八〇・二・二六）

その後、耕くんは召されます。父である横川先生は、その時のことを次の詩に書かれています。

おとうちゃんにも　お母ちゃんにも
きみはゆめまくらに立たないので
石居のおばちゃんが　こうくんはどこへ行ったのかね、
ほんとうに　と言ったよ
ぼくはしばらく考えて　いま遊びほうけてるんだよ、きっと
と答えておいたよ

びょうきの体をおいていったので　もう手も足も痛まないんだろう
生まれて初めてなあ　のびのびと

おもうようにふるまってるかい　この五月の天気だもの
きみが死ぬまえ　ぼくはきみに何を言えばよいのか
（中略）
と考えたとき
きみ、どこへ行ってもじぶんの名前だけははっきり言えよな
とだけ言えたよな
しゃしゃり出て　ぼくは　よこかわこう　と言っているかい
（中略）
そっちじゃ　君がせんぱいになったけど
君の紹介をたよりにするような気弱はすまい
やあやあやあ　あなたがよこわかすみおさん
あなたが　こうさん
そっち行くとき
ぼくも　じぶんの名前をはっきり言えるようになるつもりだよ
だから　今日もげんきにやってゆくよ
（一九八〇・五・一〇）

親子という関係が名を名乗り合う関係として描かれます。私が私として、あなたがあなたとして

生きていく。それが自分の名前を生きるということだと思います。天の父なる神と私たちの関係においてもそうなのです。私は、奥田知志という名前のある人格として良くも悪くも生きてきた。召されるその日まで、そのように生きていくわけです。父なる神は、良くも悪くも奥田知志の名前を天国に記してくださったのです。そのことを心から喜びたいと思います。

お会いしたことのない横川耕さんともいずれあの世でお会いします。

「やあやあやあ、あなたが耕さん。私は奥田知志です」と正直にお会いしたいと思います。

頑張って良いことをして天に宝を積んだから名前が記されるということはない。たかが知れているのは自分が一番よく知っています。だからこそ、イエスの言ってくださった「すでに名前が記されてしまっていることをよろこべ」の一言は、私たちを平安へと導くのです。

私たちは、コロナ禍において人を数値化してきました。さらに、障がいがあるということで実名を明らかにできない差別社会を生み出してしまった。差別を恐れて名乗れないようなゆがんだ社会を改めるべきなのです。そのために名前を呼び合うことから始め直したいと思います。自分の名前を大きな声で言い合える社会を作りたいと思います。その人がその人として生きていける社会です。私を私として、あなたをあなたとして、神は天国にそれぞれの名前を記してくださっている。そうです。私は奥田知志です。奥田知志に他ならないのです。

祈ります。

# 8　そんな手洗いなら俺たち絶対洗わねえ

二〇二〇年五月三一日

①マルコによる福音書六章三五―四四節

ところが、はや時もおそくなったので、弟子たちはイエスのもとにきて言った、「ここは寂しい所でもあり、もう時もおそくなりました。みんなを解散させ、めいめいで何か食べる物を買いに、まわりの部落や村々へ行かせてください」。イエスは答えて言われた、「あなたがたの手で食物をやりなさい」。弟子たちは言った、「わたしたちが二百デナリものパンを買ってきて、みんなに食べさせるのですか」。するとイエスは言われた。「パンは幾つあるか。見てきなさい」。彼らは確かめてきて、「五つあります。それに魚が二ひき」と言った。そこでイエスは、みんなを組々に分けて、青草の上にすわらせるように命じられた。人々は、あるいは百人ずつ、あるいは五十人ずつ、列をつくってすわった。それから、イエスは五つのパンと二ひきの魚とを手に取り、天を仰いでそれを祝福し、パンをさき、弟子たちにわたして配らせ、また、二ひきの魚もみんなにお分けになった。みんなの者は食べて満腹した。そこで、パンくずや魚の残りを集めると、十二のかごにいっぱいになった。パンを食べた者は男五千人であった。

②マルコによる福音書八章一―一〇節

そのころ、また大ぜいの群衆が集まっていたが、何も食べるものがなかったので、イエスは弟子たちを呼び寄せて言われた、「この群衆がかわいそうである。もう三日間もわたしと一緒にいるのに、何も食べるものがない。もし、彼らを空腹のまま家に帰らせるなら、途中で弱り切ってしまうであろう。それに、なかには遠くからきている者もある」。弟子たちは答えた、「こんな荒野で、どこからパンを手に入れて、これらの人々にじゅうぶん食べさせることができましょうか」。イエスが弟子たちに、「パンはいくつあるか」と尋ねられると、「七つあります」と答えた。そこでイエスは群衆に地にすわるように命じられた。そして七つのパンを取り、感謝してこれをさき、人々に配るように弟子たちに渡されると、弟子たちはそれを群衆に配った。また小さい魚が少しばかりあったので、祝福して、それをも人々に配るようにと言われた。彼らは食べて満腹した。そして残ったパンくずを集めると、七かごになった。人々の数はおよそ四千人であった。それからイエスは彼らを解散させ、すぐ弟子たちと共に舟に乗って、ダルマヌタの地方へ行かれた。

## 1　はじめに――手洗いノイローゼ

皆さん、おはようございます。オンラインで参加の皆さん、おはようございます。北九州では第二波が始まりました。すでに市中感染が起こっているということです。マスクと手洗いを徹底するしかありません。ともかくウイルスというのは目に見えない。キチンときれいになったか確かめる術もない。「何度洗えばいいんだ、どこまで洗えばいいんだ」。トイレからそのまま出てきた日が懐かしい。いや、ほんと。

トイレに行くでしょう。用を足します。手を洗います。蛇口ひねって水を止めます。ふと考えます。「この蛇口だいじょうぶかな」。それで、もう一度手を洗う。今度は蛇口を閉める前に蛇口を洗う。それから、もう一度手を洗って蛇口を閉める。完璧です。そして出ようとトイレのドアに触れます。「このドア大丈夫か」と思います。もう一度蛇口に戻ります。手を洗います。しかし「ドアノブは洗えないなあ」と気づきます。「ああー、どうしよう」。もう一生涯トイレから出られないような気持ちになります。まあ、そんな奴はおらんやろうと思われていると思いますが、だんだんみんなが神経質になっているのは事実です。「自粛警察」などという言葉がネットで話題になっています。自粛要請に応じない個人や商店などに対して誤った正義感や嫉妬心・不安感から、私的に取り締まりや攻撃を行う一般市民のことを言います。

「自粛」はあくまで「自ら行うもの」。「自粛を要請します」となると、もうわけが分からなくなります。さらに「自粛を他人が取り締まったり密告したりする」という、まるで戦時中のようなことも起こっています。ネット上で「『なんで子どもが外で遊んでいるんだ』、『近所の子どもだろう。学校に通報するぞ。この、コロナ野郎め』と知らないおばさんに怒鳴りつけられた小学生がいた」とか「ドッジボールをしていたら通報され警察官に取り囲まれた小学生がいた」とか実際に起こっているようです。

今回、ライブハウスやカラオケ店が問題視されましたが、一種のスケープゴートだと思います。人々の不安を落ち着かせるために誰かを標的とする。「誰が悪いのか」と犯人をさがし、その人を攻撃することで問題が解決するかのような幻想をもってしまう。昔、ハンナ・アーレントというユダヤ人の思想家が『全体主義の起源』という本の中で、このような監視社会が人間相互の信頼感を低下させ、その結果、全体主義へとつながったと分析しました。

マスクは感染防止のためです。なのに今やマスクが善と悪の基準になっています。「マスクをしてない奴は悪」。みんなが生き残るためのマスクが、いつの間にか分断の基準となっている。マスク分断社会の登場です。これが全体主義へとつながる日が来ないことを祈ります。

マスクは「自分がうつらないため」というよりは「他人にうつさないため」の意味が大きいと言われています。本来、マスクは隣人性の象徴でもあったのです。

帰宅するとまず手を洗います。これは感染予防にとっては大事なことです。中にはシャワーを浴びる方もいます。これも感染防止には有効だと言われています。しかし、そればかりに気を取られると「外の世界は汚れており自分の領域は清い」という感覚に陥ってしまいます。どこかにそういう「内外感《うちそと》」が出来始めており、私たちは内へ内へと籠《こも》るようになります。他人の存在が「リスク」だと感じる。自分以外の人は自分に危害を及ぼすかもしれないと思う。これは、コロナ社会の思想の一つだと言えます。

「足を洗う」という言葉があります。悪い仲間から離れるとか、好ましくない生活をやめる、つまり、悪いものと縁を切ることを意味します。コロナ禍においては「手を洗う」が外界との縁切りの行為になりつつあります。外の世界を「悪」「不浄」「汚染」と見なしているからです。その結果「孤立」が深まり、もしかすると感染以上に危険なことになるかもしれません。

「他人がコロナに見える」。こうした状況は、コロナに感染しなくても別の病にすでに冒されているのかもしれません。そのような分断へと向かわせる時代を、私たちはどのように生きるのか。聖書から考えたいと思います。

## 2　荒野の給食

イエスの時代も「手洗い」が人々を分断していました。熱心なユダヤ教徒ほど「手を洗う」ことを重大事だと考えていたのです。「手洗い」には、衛生上の問題以上に「汚《けが》れを落とす」という宗教上の意味があったからです。

マルコによる福音書六章には、「五千人の給食」と呼ばれる奇跡の記事があります。男だけで五千人。女性は数えないというのがそもそも差別です。「男女」という表記であっても、性的マイノリティの人々の存在を考えるとやはり問題です。

大勢の人が荒野《あらの》にまで押し寄せました。食べる物もなく、どうしようかということになります。弟子たちは店もない寂しいところだからいったん解散させましょうとイエスに進言しますが、イエスは「あなたがたの手で食物をやりなさい」と言う。弟子たちは「そんなの無理です。何百万円あっても足りません」と困ってしまいます。パンはない、金もない、店もない。さあどうするか。

イエスが「パンは幾つあるか」と尋ねるので、調べてみると五つのパンと二匹の魚がありました。

それから、イエスは五つのパンと二ひきの魚とを手に取り、天を仰いでそれを祝福し、パンをさき、弟子たちにわたして配らせ、また、二ひきの魚もみんなにお分けになった。みんなの者は食べて満腹した。そこで、パンくずや魚の残りを集めると、十二のかごにいっぱいになった。

（マルコによる福音書六章四一―四三節）

この話は、マルコによる福音書六章に出てきます。不思議なことに、同様の話がマルコによる福音書八章にも登場します。大勢の群衆がイエスの下に集まっており、食べる物がなくて困る。イエスは「群衆がかわいそうだ。彼らを空腹のまま帰らせたら途中で倒れてしまう」と心配し、弟子は「こんな荒野でどこからパンを手に入れることができますか」と言う。どこかで聞いた展開です。私なんか「ええー、君たち、ついさっき六章で同じやり取りしているよね。覚えてないの」と言いたくなります。イエスは「パンはいくつあるか」と尋ねられ、弟子は「七つあります」と答えます。魚も少々。

そこでイエスは群衆に地にすわるように命じられた。そして七つのパンを取り、感謝してこれをさき、人々に配るように弟子たちに渡されると、弟子たちはそれを群衆に配った。また小さい魚が少しばかりあったので、祝福して、それをも人々に配るようにと言われた。彼らは食べて満腹した。そして残ったパンくずを集めると、七かごになった。人々の数はおよそ四千人であった。

（マルコによる福音書八章六―九節）

ディテール（詳細）は違いますが、ほぼ同じパターンです。そもそもマルコによる福音書は、四つの福音書のなかでも一番短いわけで、にもかかわらず、同じような話を二回も載せるのは不可解な感じがします。「二つの出来事に対する異なる伝承があった」と言う人もいますが、そうだとしても編集の際、落ちてしまうと思います。

私はもっと積極的な意味があったと思います。つまりイエスが荒野で不特定多数の人々と食事をしたこと自体が大事件だったからだと思うのです。イエス一行がそのような食事を繰り返していたので一回では収まらず何度も書かざるを得なかったと想像します。

イエスの周りにいた人たちは、食べるにもこと欠く人々でした。イエスは、その群衆に食事を提供されます。手元にあったのは「五つのパンと二匹の魚」、あるいは「七つのパンと少しの魚」でしたが、イエスは、わずかな食物を祝福して分けられました。すると、パンが増え続け、残ったパンくずが一二の籠、あるいは七つの籠に一杯になりました。物理の法則を度外視した、神の子ならではの奇跡だと言えます。これはこれですごい出来事ですし、なにより腹をすかせた人にとってこの奇跡は救いそのものでした。

しかし、それだけでは二回も書かれるほどの理由にはならないと思うのです。その場にいた人が救われたことは大切ですが、この奇跡は時代や社会に一石を投じる事件だったのではないかと思います。私はその場にいた全員が一緒に食べた、この現実が衝撃的だったのだと考えます。イエスの周りには、食うにも困る貧しい人がいました。彼らは病人であり、障がい者であり、娼婦であり、汚れた霊につかれた人であり、らい病人であり、取税人でありました。あるいは異邦人も含まれていたと思います。つまりイエスの周りには、当時の社会が排除してきた人々がいたのだと思います。

「らい病人」は聖書に何度も登場します。最近の聖書では「重い皮膚病」と表現されていることもあり、厳密な意味でらい菌によるハンセン病ではなく皮膚病全般を含むそうですが、彼らが排除の対象だったのは明白です。イエスはしばしば彼らを癒されました。

ひとりのらい病人が、イエスのところに願いにきて、ひざまずいて言った、「みこころでしたら、きよめていただけるのですが」。イエスは深くあわれみ、手を伸ばして彼にさわり、「そうしてあげよう、きよくなれ」と言われた。すると、らい病が直ちに去って、その人はきよくなった。

（マルコによる福音書一章四〇―四二節）

「らい病」は、当時「汚《けが》れ」とされていました。「らい病人」にさわることは感染以上に汚れることを意味していました。だからイエスは手を伸ばして彼にさわられたのだと思います。「らい病人」のみならず、先ほど挙げた人たちは皆、社会から排除されていた人々でした。当時の律法や当時の社会規範に照らして、その範疇《はんちゅう》に収まらない人々が「罪人」とされ排除されていました。そんな現実に対して「罪人を招くために来た」（マルコによる福音書二章）と宣言し、実際に彼らに「さわる」、それがイエスでした。

ユダヤ社会は、不特定多数の人たちと一緒に食事をすることを禁じていました。「汚れている人」に触れることは自分も汚れることになるからです。だから「荒野の給食」は、「パンが増えた奇跡」であると同時に、「排除された人々との共食、隔てなく共に食事をした奇跡」であると私は思います。イエスは社会的に排除されていた人々と一度と言わず繰り返し共に食べられた。律法主義の社会にとってこれは衝撃でした。「荒野の給食の奇跡」は、同時に「荒野の共食の奇跡」であったからです。

コロナの日々が排除を生み出すことになるのではないか。感染症ですから、どうしても他人を感染源とみなし、忌避する。他人を、自分に危害を及ぼすかもしれない悪と見なす。その結果、他者と関わらない。いやそれどころか「自粛警察」までも現れました。本当に感染を防ぐのなら、助け合うしかないにもかかわらずです。

### 3　七章の意味——イエスの弟子が批判された理由

マルコによる福音書六章と八章に二度の「荒野の給食」の奇跡が登場することはすでに述べましたが、その間に七章があります。当たり前ですが。そこにはさらに興味深いことが書かれています。

さて、パリサイ人と、ある律法学者たちとが、エルサレムからきて、イエスのもとに集まった。そして弟子たちのうちに、不浄な手、すなわち洗わない手で、パンを食べている者があるのを見た。もともと、パリサイ人をはじめユダヤ人はみな、昔の人の言伝えをかたく守って、念入りに手を洗ってからでないと、食事をしない。また市場から帰ったときには、身を清めてからでないと、食事をせず、なおそのほかにも、杯、鉢、銅器を洗うことなど、昔から受けついでかたく守っている事が、たくさんあった。そこで、パリサイ人と律法学者たちとは、イエスに尋ねた、「なぜ、あなたの弟子たちは、昔の人の言伝えに従って歩まないで、不浄な手でパンを食べるのですか」。（中略）それから、イエスは再び群衆を呼び寄せて言われた、「あなたがたはみんな、わたしの言うことを聞いて悟るがよい。すべて外から人の中にはいって、人をけがしうるものはない。かえって、人の中から出てくるものが、人をけがすのである」。

（マルコによる福音書七章一―五節、一四―一五節）

なんだか謎めいた言葉で終わります。念入りに手を洗ってからでないと家に入らないとか、市場から帰ってきたときは全身を清める、つまりシャワーを浴びないといけないとか、現在の私たちの状況を彷彿とさせる記事ですが、やはりこれは衛生上の問題というよりは、社会的、宗教的な意味が大きかったわけです。先に触れたように、障がい者や病人、らい病人、娼婦、異邦人など、不浄とみなされた罪人と縁を切るため、熱心に手や体を洗い清めなければいけなかったのです。それは「私は不浄ではない」と証明するためであり、「汚れた連中」と縁を切るためでした。

イエスと弟子は、こういう排除をする社会を拒否します。それが「手を洗わない」ということに現れます。これは彼らが怠惰な人間だったということではなく、「そんな手洗いなら俺たち絶対洗わねえ」という意思の表れだったと思うのです。

律法に厳格だったパリサイ人や律法学者は、「お前の弟子たちは、律法を守らないのか。手を洗わないのか。これは、いにしえからの教えであって厳密に守られてきたことじゃないのか」と批判しました。それに対してイエスは、「お前さんたちは、外から汚れが入ってくると思っているだろう。ほんとうに怖いのは内側から出てくるものなんだぞ。それがお前さんたちを汚している。人としてのあり方をゆがめているんだ」と応酬するわけです。

私たちはウイルス感染を恐れていますが、一方で人間としてのゆがみをもう少し気にしなければなりません。「中から出てくるものが人間を汚す」。その通りだからです。

この「手を洗う」ということから、六章と八章の「荒野の給食」、いや「荒野の共食」を見ますといっそう出来事の意味が明確になります。荒野ですから手を洗う場所などあるはずがない。手も洗わず、そこにいる人全員が共に食べたのです。「汚れている」と排除されてきた人々を含む全員が、その日、共に食べた。これは大事件でしたし、これこそが奇跡だったと私は思います。イエスと弟子が、日ごろから生き方の問題として「分断を生む手洗い」を否定していたからこそ「荒野の共食」の奇跡は成立したのでした。

## 4　カナの婚礼――きよめの水は飲んじまえ

ヨハネによる福音書二章に「カナの婚礼」という場面があります。

三日目にガリラヤのカナに婚礼があって、イエスの母がそこにいた。イエスも弟子たちも、その婚礼に招かれた。ぶどう酒がなくなったので、母はイエスに言った、「ぶどう酒がなくなってしまいました」。イエスは母に言われた、「婦人よ、あなたは、わたしと、なんの係わりがありますか。わたしの時は、まだきていません」。母は僕たちに言った、「このかたが、あなたがたに言いつけることは、なんでもして下さい」。そこには、ユダヤ人のきよめのならわしに従って、それぞれ四、五斗もはいる石の水がめが、六つ置いてあった。イエスは彼らに「かめに水をいっぱい入れなさい」と言われたので、彼らは口のところまでいっぱいに入れた。そこで彼らに言われた、「さあ、くんで、料理がしらのところに持って行きなさい」。すると、彼らは持って行った。料理がしらは、ぶどう酒になった水をなめてみたが、それがどこからきたのか知らなかったので、（水をくんだ僕たちは知っていた）花婿を呼んで言った、「どんな人でも、初めによいぶどう酒を出して、酔いがまわったころにわるいのを出すものだ。それだのに、あなたはよいぶどう酒を今までとっておかれました」。イエスは、この最初のしるしをガリラヤのカナで行い、その栄光を現された。そして弟子たちはイエスを信じた。（一―一一節）

カナという町で婚礼があり、イエスの母もそれを手伝っていたようです。そこにイエスと弟子も招かれていました。途中、母はイエスにぶどう酒がなくなったと告げます。するとイエスは「婦人よ、あなたは、わたしと、なんの係わりがありますか」と応えます。子どもの頃このやり取りにすごい違和感がありました。母親が「ぶどう酒、なくなったけど知志どうする?」と聞いてきて、僕が母ちゃんに「婦人よ、あなたは、わたしと、なんの係わりがありますか」などと返事しようものなら、「なんやその口のききかたは、しばかれるで」と言われるに決まっている。ましてや「わたしの時は、まだきていません」などと息子が言い出したら「お前、大丈夫か」となります。しかし、さすがにイエスの母だけあって動じない。「このかたが、あなたがたに言いつけることは、なんでもして下さい」と周囲に告げます。

この後、イエスは石の水がめの水をぶどう酒に変えました。それを飲んだ料理がしらは大変驚きます。「どんな人でも、初めによいぶどう酒を出して、酔いがまわったころにわるいのを出すものだ。それだのに、あなたはよいぶどう酒を今までとっておかれました」と。「えっ、そうなの」と思います。私なんか酔っ払うとだんだん大きな気持ちになって秘蔵酒を振る舞ってしまい、後で後悔するタイプです。

「この最初のしるしをガリラヤのカナで行い、その栄光を現された」と説明されています。「しるし」は奇跡を指しています。ここでも奇跡が起こっているわけです。では何が奇跡なのか。何が栄光なのか。

第一に水がめの水がぶどう酒に変化したこと。しかも、よいぶどう酒に変わりました。こういう人が一人いると本当に助かります。無尽蔵に飲めます。いざとなったら「イエスさま、イエスさま、ちょっとこのやかん触ってみて」とお願いする。するとおいしいお酒に変わる。これは先にふれた「荒野の給食」の奇跡、つまりパンが増えたことと同じような奇跡だと言えます。

しかし私は、本当の奇跡はそのことではないと、ここでも考えます。やはりそれは「共食の奇跡」でもあったのだと。そもそもこの「水がめの水」は何だったのか。「ユダヤ人のきよめのならわしに従って、それぞれ四、五斗もはいる石の水がめが、六つ」と書かれています。婚礼のために外からやってきた人たちは、自分自身を清めないと中には入れませんでした。この水は、そのために置かれていたのです。外で汚れた人と接触しているかもしれない。その汚れを中に持ち込むことはできない。だから、入り口で汚れを払う、つまり手を洗うわけです。その「きよめの水」が水がめの水でした。汚れているとされた人と縁を切るための水だったのです。

イエスは、人を「汚れた人」として差別し分断することが嫌だった。だから、水がめの水を全部ワインに変えて飲んでしまった。「人と人を分断するきよめの水なんかいらない。ええい、飲んでやる」と。「汚れた人」と「きよい人」を分断するその構造をイエスと弟子たちは飲み干したのです。これ自体が分断と差別に対する闘いだったのだと思います。「そんな手洗いなら俺たち絶対洗わねえ」と言ったイエスと弟子たちは、今度は「そんな水はいらない。ワインにして飲んでやる」と言う。イエスと弟子たちの一貫した生き方がそこには見受けられます。だが、これは重大な律法違反であったため、最終的にはイエスは十字架で処刑されることになりました。当時のユダヤ社会にとって、これらの出来事がどれだけ衝撃的であり奇跡的であったのかが分かります。

## 5　おわりに——ジョージアの赤土の上で夢の食卓を

「荒野の共食」は、差別され排除された人々にとって尊厳を取り戻す出来事でした。想像してみてください。手を洗うことができない荒野で、排除した人々と排除された人々が分け隔てなく食べている光景を。

人々は、五つあるいは七つのパンをちぎっては、隣の人に渡します。ちぎっては隣りに、ちぎっては隣りに。感染症対策的にはさすがにダメですが、ゆがんだ排除社会を公正な社会に戻すには効果的でした。

この「ちぎって隣りに渡す」は、私の想像に過ぎません。聖書にはイエスが「天を仰いでそれを祝福し、パンをさき、弟子たちにわたして配らせ」たとあります。「パンさき」が最後の晩餐を先取りした表現だと言われますが、私はイエスが「こうやって割いて自分の分をもらったら次の人に渡す」と教えている場面でもあると思います。そもそも五千人分以上のパンをイエス一人が割いたとも思えませんし、正確に人数分を切り分けたらパンの余りは出ません。「ちぎって隣りに渡す」というのは、次の人のことを考えて少し遠慮気味に食べるということだと思います。だから、最終的に余るわけです。他人のことを考えながら食べるというのが「共食の奇跡」でもあります。

この間、私たちはトイレットペーパーを買い占めました。他人のことなど考えず自分のお尻のことだけを考えた結果、トイレットペーパーが町から消えました。必要な分だけちぎっては隣りに渡す式で生きられたら、トイレットペーパーも余っていたことでしょう。パンをちぎっては隣りに渡しているうちに全員が満腹する。腹が満たされただけではありません。それは人間を満たす食事だったのだと思います。

マタイによる福音書一一章にはこのような記事があります。

「また人の子がきて、食べたり飲んだりしていると、見よ、あれは食をむさぼる者、大酒を飲む者、また取税人、罪人の仲間だ、と言う」。（一九節）

イエスに投げかけられた批判をイエスが語っている場面です。「あいつは罪人の仲間だ」とイエスは揶揄《やゆ》されました。しかし、これほどの褒め言葉はありません。イエスの生涯が「罪人として排除された人と仲間になろうとした生涯」だったということです。当時の律法からすると、それによってイエス自身も汚れることになりました。「罪人の仲間」となったイエスは、排除され十字架で罪人として処刑されます。

それにしてもなぜ、残ったパンくずのことまで書き残したのでしょうか。

そこで、パンくずや魚の残りを集めると、十二のかごにいっぱいになった。（六章）
そして残ったパンくずを集めると、七かごになった。（八章）

「みんな食べて満腹した。おしまい」でもよかったのに。ヨハネによる福音書の並行記事（六章）には、イエスが「少しでもむだにならないように、パンくずのあまりを集めなさい」と指示しています。「むだにならない」とはどういうことか。「まだ食べられるからもったいない」ということか。それ以上の意味があるとここでも考えます。

パンが残るのは「荒野の共食」が未完であるからです。共に食べるべき人が全員そろっていないということです。分断と差別の中に置かれている人が現に存在し、その人々を残したまま食事を終えることはできないからだと思います。本当にすべての人が共に食べることができる日まで、この「荒野の共食」は続きます。この事実を心に刻むためにイエスは「パンのくずを集めなさい」と告げられたのです。

「十二のかご」と「七つのかご」には諸説あります。聖書で「十二」といわれるとユダヤの十二部族を思い浮かべる人は少なくないと思います。もし、この「十二のかご」が「十二部族」を示しているとしたら、この残ったパンはいずれユダヤ民族すべてが一堂に会して食事をする日が来るということを示唆します。現実は、ユダヤ人同士が「お前は罪人だ」、「障がい者だ」、「汚れている」とやり合っていました。イエスの殺害もユダヤ人同士の争いの結果です。そんなことを言っているからパンが残ってしまうわけです。来るべき人が全員そろっていない。それがパンの残りが意味することです。

「七つのかご」はどうでしょうか。創世記には七日で世界が創られたと言われています。一般にも「七つの海」とか「七大陸」などと言います。なんとなくグローバルな感じがします。私が最も印象深く思うのは、使徒行伝に登場する「評判のよい七人」です。こんな場面です。

そのころ、弟子の数がふえてくるにつれて、ギリシヤ語を使うユダヤ人たちから、ヘブル語を使うユダヤ人たちに対して、自分たちのやもめらが、日々の配給で、おろそかにされがちだと、苦情を申し立てた。そこで、十二使徒は弟子全体を呼び集めて言った、「わたしたちが神の言をさしおいて、食卓のことに携わるのはおもしろくない。そこで、兄弟たちよ、あなたがたの中から、御霊と知恵とに満ちた、評判のよい人たち七人を捜し出してほしい。その人たちにこの仕事をまかせ、わたしたちは、もっぱら祈と御言のご用に当ることにしよう」。この提案は会衆一同の賛成するところとなった。そして信仰と聖霊とに満ちた人ステパノ、それからピリポ、プロコロ、ニカノル、テモン、パルメナ、およびアンテオケの改宗者ニコラオを選び出して、使徒たちの前に立たせた。すると、使徒たちは祈って手を彼らの上においた。
（六章一―六節）

このギリシャ語を話すユダヤ人とヘブライ語を話すユダヤ人の対立が起こり、仲介役として七人が選ばれます。あくまでユダヤ人同士の問題のようですが、キリスト教が異邦人伝道へと広がっていく過程で登場するのが「評判の良い七人」です。これまで異邦人との接触を極端に忌避してきたユダヤ人がギリシャ世界へと向かう第一歩がこの場面だと思います。「七つのかご」に残ったパンは、ユダヤの中で排除された人を超え、世界の人々が一緒に食べる日を想定して残されたと私は読みたいと思います。

東八幡キリスト教会では、毎月第一主日礼拝において「主の晩餐」を行っています。バプテスト派では「聖餐式」とは言わずこう呼びます。その式文（東八幡キリスト教会オリジナル）の最後は、このような言葉で終わります。

ご覧ください。パンと杯が残っています。私たちは、残されたパンとぶどう酒を心に刻みます。主イエス・キリストは、全世界の人々のために十字架にかかられました。私たちが、先ほど覚えた十字架の恵みは、決して私たちだけのためではなく、すべての者に備えられたのだと告白します。私たちは、この恵みを伝えるために、まだ見ぬ兄弟姉妹の隣人となり、み言葉を宣教し、共に生きるために歩みだします。私たちは、イエスが主であることを共に告白いたします。

東八幡キリスト教会では、残ったパンとぶどう酒の意味、つまりそれは誰のためのものなのかを考え、心に刻みます。残ったパンは、様々な事情で礼拝に来られなかった教会員の分を意味するのでしょうか。それだけではありません。排除されている人、どうしても人前に出られない人、しんどい中を生きているすべての人の分なのです。だから、教会に来ている人が全部食べるわけにはいかない。東八幡キリスト教会のテーマは、「すべての人のための教会となる」です。大風呂敷ですが、教会の本質は、否定しがたくここにあります。

マーティン・ルーサー・キング牧師の有名な演説「私には夢がある」をご存じの方は多いと思います。一九六三年八月二八日の「ワシントン大行進」の中でなされました。私の生まれた年です。関係ありませんが。

この演説の中でキング牧師は、こう語っています。

私には夢がある。それは、いつの日か、この国が立ち上がり、「すべての人間は平等に作られているということは、自明の真実であると考える」というこの国の信条を、真の意味で実現させるという夢である。私には夢がある。それは、いつの日か、ジョージア州の赤土の丘で、かつての奴隷の息子たちとかつての奴隷所有者の息子たちが、兄弟として同じテーブルにつくという夢である。私には夢がある。それは、いつの日か、不正と抑圧の炎熱で焼けつかんばかりのミシシッピ州でさえ、自由と正義のオアシスに変身するという夢である。私には夢がある。それは、いつの日か、私の四人の幼い子どもたちが、肌の色によってではなく、人格そのものによって評価される国に住むという夢である。今日、私には夢がある。

（アメリカ国務省の日本語ホームページより）

何度読んでも胸が熱くなります。特にこの「I Have a Dream」が繰り返される中で「ジョージア州の赤土の丘で、かつての奴隷の息子たちとかつての奴隷所有者の息子たちが、兄弟として同じテーブルにつく日が来る」と語るところは圧巻です。ここには「テーブル」が登場します。「デスク」ではありません。それは「食卓」なのだと思います。かつての奴隷の息子たちとかつての奴隷の所有者の息子たちが、兄弟愛という食卓で一緒に飯を食う。そうです、「共食の日」が来ると彼は語ったのです。

「七つのかご」に残されたパンは、この奴隷と主人の対立を超えて友愛という「食卓」で分かち合われるのです。それはイエスが残した宿題でした。この演説の五年後の一九六八年、キング牧師は暗殺され、彼は夢の実現を見ないで世を去りました。残念ながら、今日もアメリカ社会は分断に苦しんでいます。人種差別に対して「Black Lives Matter」（黒人の命を粗末にするな）と叫ばなければならない現実。アメリカは、いまだキング牧師の夢を果たせないでいます。しかし一方で、バラク・オバマが初のアフリカ系の大統領となり、現在のカマラ・D・ハリスは初の黒人女性副大統領となりました。イエスの残されたパンくずはわずかずつでも「共食」され、奇跡と夢は引き継がれているのです。

そして、私たちの日本社会はというと……。ヘイトスピーチが公然となされ、重複障がい者は「意味のないいのち」として殺される事件が起こる社会となっています。またコロナ禍は、私たちを他者に対する疑心暗鬼へと誘い、感染者や医療従事者への差別が横行しています。あの日の「荒野の共食」は完結していません。

私たちの目の前には、今も残ったパンがあります。イエスの遺産を継承したのです。誰と食べるのか。誰がこの場所にいないのか。食べる度に私たちは友愛という名の食卓に誰を招くのかを問われているのです。

コロナの時代を生きるには「手洗い」は絶対に必要です。しかし、私たちは、人とのつながりや友愛までも洗い流すわけにはいかない。手洗いが分断の手段であり、縁切りの意思表示であったゆえに、イエスは、人間を汚すものは、自分の外から来るのではなく、自分の内から出てくるのだと言い、「そんな手洗いなら俺たち絶対洗わねえ」と宣言されたのです。

今、私たちは大変苦しい時を過ごしています。だからこそ、イエスが残されたパンを共に食さねばなりません。兄弟として一つの食卓に着くために、私たちは、祈り、行動しなければならないのです。


祈ります。

# 9　もう一つの信仰告白――戸に鍵をかけ、クソったれと祈る

二〇二〇年六月七日

マタイによる福音書六章五―六節

「また祈る時には、偽善者たちのようにするな。彼らは人に見せようとして、会堂や大通りのつじに立って祈ることを好む。よく言っておくが、彼らはその報いを受けてしまっている。あなたは祈る時、自分のへやにはいり、戸を閉じて、隠れた所においでになるあなたの父に祈りなさい。すると、隠れた事を見ておられるあなたの父は、報いてくださるであろう」。

## 1　はじめに

皆さん、おはようございます。六月に入りました。オンラインで礼拝に参加されている方々もおはようございます。

今日は「信仰告白」ということについて考えてみたいと思います。キリスト教と関わりのない方々にとって「信仰告白」という言葉自体、よく分からないと思いますが、文字通り自分の信じていることを告白するということです。

東八幡キリスト教会では、バプテスマ（洗礼）を受けてクリスチャンになる際に、自分は何を信じているのかを皆の前で語ります。教会との出会いやこれまでの経緯などを語る方もおられます。

決まった文章ではなく――たとえばキリスト教においては「信条」と呼ばれる歴史的な文章がありますが――東八幡キリスト教会の場合、ひとりひとりが自分の言葉で語ります。

告白がなされた後、牧師が「この告白に異議や質問のある方はどうぞ」と教会員に問いかけます。その上で「では、教会員の皆さまにお聞きします。今なされました信仰告白は、私たちの信仰告白であると思われる方は挙手をもってお示しください」と呼びかけ、一同がその方の信仰告白を共有します。その後バプテスマ式（洗礼式）となります。

東八幡キリスト教会は、バプテスト派なので浸礼《しんれい》という形式をとります。全身を水に沈める方式です。洗礼には灌水礼《かんすいれい》（頭部に水を注ぐ）や滴礼《てきれい》（頭部に手で水滴をつける）と呼ばれるものなどがあります。どれが正しいということはありません。バプテスト派は、イエスがバプテスマのヨハネからヨルダン川で沈めの儀式を受けたことから、全身を沈める形を踏襲《とうしゅう》しています。そもそも「バプテスマ」という言葉には、浸すとか沈めるという意味があります。一般に「洗礼」と言われることが多いですが、元の言葉に洗うという意味はありません。

新会堂である「軒の教会」を建築する際、バプテストリー、つまりバプテスマ式を行う水槽《すいそう》をどうするか議論しました。発案を担当したのは青年会で、教会堂の中の最も低いところにバプテストリーを作ることが提案されました。クリスチャンになるということは、人生の高みに向かうことではなく低みに身を置くことであり、一番低いところに身を置いて世界を見直すことからキリスト者としての歩みが始まる、という意味が込められました。

礼拝堂の一番前の床下に大きな水槽が掘り込まれています。床面ギリギリまで水を溜めます。受浸者と牧師が中に入ると水が周囲にあふれ出ます。周囲はスノコで覆われていて、その下に溝があり、あふれた水はそこに吸収されます。設計を担当された手塚先生ご夫妻（手塚建築研究所）と議論を重ねた結果、インフィニティ・プール式のバプテストリーになりました。あふれ出した水の音が川のせせらぎのように会堂に広がります。

## 2　信仰告白は事後承認

信仰告白の本質は何でしょうか。パウロはピリピ人への手紙でこんなことを書いています。これはパウロがローマの獄中で書いた書簡です。明日をも知れぬ中で書かれた書簡は、ピリピの人たちと共に自分を励ますためのものでもあったと思います。

あなたがたは、主にあっていつも喜びなさい。繰り返して言うが、喜びなさい。
（ピリピ人への手紙四章四節）

テサロニケ人への手紙でも同様のことを書いています。

いつも喜んでいなさい。絶えず祈りなさい。すべての事について、感謝しなさい。
（テサロニケ人への第一の手紙五章一六―一八節）

この喜びや感謝が信仰告白の本質だと言えます。しかし、いつも喜ぶということは到底無理です。無理して喜んだり感謝したりすることが信仰ならば、それはとても窮屈な生き方だと言わなければなりません。牧師になりたての頃、こんなことがありました。ある教会の研修会に呼ばれていました。いよいよ閉会礼拝となりましたが、どうしても原稿が見当たらない。当時は万年筆で原稿を書いていましたから、「もう一度プリントアウトします」とはいきません。必死に探していると、その教会の信徒の方が「奥田先生、どうされましたか」と尋ねて下さいました。「説教の原稿が見当たりません」と申し上げました。この教会の牧師はすごく熱心な方で、信徒教育にも力を注いでおられました。特に「すべてのことに感謝するのがキリスト者である」と教えられていたようで、信徒の方は会話の語尾に「主よ、感謝します」をつけて話されます。

「それは大変です。主よ、感謝します」とおっしゃる。それからみんなで原稿を探してくださったのですが、やはり見つかりません。「先生、探しましたが見つかりません。主よ、感謝します」とご報告下さる。これには参りました。「そうですか、見つかりませんか。主よ、感謝します」と応えている自分が不思議でした。

その時、「主よ、感謝します」は大事な信仰告白だと気づかされました。私は、信仰告白は基本的に事後承認の作業だと考えています。信仰告白は、「私はすでにキリストに愛されていた。私はすでにキリストによって贖われていた。今までそれに気づいていなかったのだけど、ようやくそのことに気づいた。それで私は、キリストに従って生きていこうと思う」という表明だと思うのです。すでにある事実を感謝しているのです。けれどもすでにある事実に気づいていないということが私たちにはしばしばある。

すでにある希望。私たちが気づいていないだけで、喜ぶべきこと、感謝すべきことは、すでにある。それを信じて生きようと思うと表明することが信仰告白ならば、苦しいこと、悲しいことに心を囚われた日、「原稿がなくなった」と青くなる日、それでも探せば出てくるのです。原稿のことではありません。思いがけない恵みが、です。嫌なこともあるが感謝すべきこともちゃんとある。これに気付く感覚。それが信仰だと思います。幸せが自分の真後ろにいたら気づかないわけです。少し立ち位置を変えて見渡してみると、今まで見えていないものが見えてくる。「悔い改め」（メタノイア）は「反省する」という意味ではなく、「方向転換」を意味します。これまでとは立ち位置を変えて見直すのです。すると「ない」とあきらめていたものが「あった」り、あるいは思いがけない別の恵みを見出す。それを信じて生きていく。「いつも喜んでいなさい」とは、そういう「すでにある恵みに対する希望」なのだと思います。だから信仰告白の本質は喜びであり感謝なんだと思います。

## 3　「ムカつく」

しかし、なのです。そうは問屋が卸さないのが人間なのです。先に述べたことは確かにそうなのですが、それが分かっているにもかかわらず「原稿がない」となると「せっかく書いたのに、なんでなくなるの。誰かに意地悪されているのか。ああ、もう嫌になってきた」と考えてしまう。それが私です。そこに「主よ、感謝します」と言われると腹が立つ。今、世界のあちこちでそんなふうに愚痴っている人が増えているように思います。何よりもコロナ禍というのは喜ぶような事態ではないのですから。振り返ると昨年（二〇一九年）一一月に中国の武漢で「新型肺炎」が報告されました。ＷＨＯがパンデミックを宣言したのが今年の三月。世界はものすごい勢いでコロナ禍に呑み込まれていきました。マスクなしでは町を歩けない状況となり、飲食店などは大打撃を受けており、今後失業、派遣切り、雇い止めなど、苦しい状況に追い込まれる人が多数出ると思われます。最悪、住むところまで失う人が出ます。

「ポストコロナ」とか「新しい生活様式」「ニューノーマル」と言われていますが、そうはいかない人たちが大勢いるのです。「自分は取り残された」と感じざるを得ない人が増えています。特に若者たちは「なんで俺が」とムカついている。「ムカつく」は一時期若い人がよく使っていました。もともと「むかつく」は、吐き気がするとか「むかむかする」という意味ですが、「ムカつく」は、腹が立つなど怒りに関わる感情表現となっています。多くの人々がこのやり場のない怒りに「ムカついて」いるのです。

「むかつく」も「ムカつく」も、じゃあ、どうするのか。共通する対応は吐くことだと思います。飲み過ぎて吐く、もどす、ゲロする。そうです、吐くのです。吐くと楽になります。最近、小倉の街を歩いていてもあまり吐いている人を見かけません。以前に比べ街はずいぶんきれいになりました。昔は、ホームレスのパトロールをやっているとあちこちで「ゲエゲエ」やってました。特に裏路地辺りでは、この、なんと申しましょうか、お好み焼きの生地って言いましょうか、路上にアレが点在しているわけです。うかつに歩くと踏んじゃうわけです。最近、それをあまり見ない。皆さん吐いていないのだと思います。これは飲みすぎの人が減っただけではない。みんな我慢しているのではないかと思います。

吐き出すことをしない、できない。それは危険な状態です。どこにも吐き出すことができず、それが溜まり続けるからです。そもそも裏路地は、飲み過ぎの人だけでなく、人生のさまざまな「ムカつき」を吐き出しに行く場所です。赤ちょうちんの奥、カウンターだけの小さな店。馴染みの女将さんがいて「あら、奥田さん。お久しぶり。なんか元気ないけど大丈夫？　まあ飲みなさいよ」なんて言ってくれます。「いや、上司がさあ……」とか「取引先からこんなこと言われてね……」とか、いろいろ「ムカついた」ことを吐き出します。そして帰りには飲み過ぎて裏路地のすみっこで「ゲエゲエ」やるわけです。吐き出しているにすぎませんが、場末の店はそういう役割をもっていたように思います。「あら、そうなの。あんたもたいへんね」と言ってくれる。聞いてんのか聞いてないのか、本当のところはよく分からないんだけれども、「俺、ムカついてんだ。クソったれ」を聞いてくれる人が必要なのです。聞いてくれる人がいることは恵みです。

人には「はけ口」というか、「吐く時」が必要です。ため込むとロクなことはない。最近は、コロナで飲みにも行けないし、上司が部下を無理に誘うとパワハラになったりします。何よりも若者があまり飲まなくなった。別にお酒を飲みましょうと礼拝で推奨しているわけではありません。が、心配なのは、みんなどこで吐き出しているのかなということです。「俺は苦しいんだ。もう嫌なんだ。ムカついているんだ。何で俺がこんな目に遭うんだ」ということを誰に言うのか。愚痴も言えず、弱音も吐けず、みんながまんしている社会になりつつあります。その結果、街はどんどんきれいになり、危険になっていきました。コロナ禍で多くの人が「こんなはずじゃなかった」と「ムカついて」います。なのに「いつも喜んでいなさい」と言われたら「クソったれ」と思うわけです。
ピリピ人への手紙が獄中書簡なのは救いです。パウロが何の苦労もない人だったら「お前に俺の何が分かる」と言いたくなります。「いつも喜びなさい。すべてのことに感謝しなさい」が、たとえ「よく探してごらん。きっといいこともあるよ」という希望の呼びかけだとしても、私のような弱い人間は、その前に吐き出さないと収まらない。「クソったれ」とゲロゲロ吐き出さないともたないのです。

## 4　簡単には反省できない私

ルカによる福音書二三章のイエスの十字架の場面に、二人の犯罪人が登場します。

十字架にかけられた犯罪人のひとりが、「あなたはキリストではないか。それなら、自分を救い、またわれわれも救ってみよ」と、イエスに悪口を言いつづけた。もうひとりは、それをたしなめて言った、「おまえは同じ刑を受けていながら、神を恐れないのか。お互は自分のやった事のむくいを受けているのだから、こうなったのは当然だ。しかし、このかたは何も悪いことをしたのではない」。そして言った、「イエスよ、あなたが御国の権威をもっておいでになる時には、わたしを思い出してください」。イエスは言われた、「よく言っておくが、あなたはきょう、わたしと一緒にパラダイスにいるであろう」。（三九―四三節）

イエスの十字架が真ん中にあって両脇に犯罪人がいる。そのうちの一人が「お前、キリストやろ、救い主やろ、だったら自分も俺たちも助けろ」と悪口を言うわけです。完全に筋違いです。見かねたもう一人の犯罪人がいさめます。「俺たちは、自分のやったことの報いを受けているだけだ。この人は何も悪いことはしていない。何を筋違いのことを言っている」。この方、犯罪人にしとくには惜しい人です。

「良い犯罪人の方」ってなんだか変な言い方ですが、その人が「イエスよ。あなたが御国の権威、天国の権威をもっておいでになるときには、私を思い出してください」と言います。イエスが「よく言っておくが、あなたは、今日、私と一緒にパラダイスにいるであろう」と言われる。「パラダイス」は天国のこと。この「良い犯罪人」とイエスのやり取りを見ていると、「まあ、そうだよね」と思う人は少なくないと思います。

しかし私は、もう一人の方、つまり「悪い犯罪人」が気になります。この人の八つ当たりの気持ちがなんとなく分かるからです。この人たちは、相当悪いことをしたから死刑になったのでしょう。にもかかわらず、あまりの苦しさに「お前のせいだ」とイエスを責める。イエスからしてみれば「えっ、僕ですか」って言いたいところです。イエス自身も十字架に磔《はりつけ》になっているのだからそれどころじゃない。あまりにも筋違い。見かねた「良い犯罪人」が割って入る。しかし「悪い犯罪人」は罵詈雑言《ばりぞうごん》をイエスにぶつけ続けるわけです。どれだけ勝手な奴なんだと思います。思いますが、それが人間なのです。それどころか、この人は実は「僕」なんじゃないかとさえ思うわけです。

私も、結構やるんですよね。全然関係ないのに妻に当たる、みたいなことを……。

そうなると、「あなたは今日、私と一緒にパラダイスにいる」というイエスの言葉が引っかかります。これは「悪い犯罪人」をたしなめ「私を覚えてください」とイエスに告げた、まさに「良い犯罪人」に対してイエスが語られたと理解するのが常識的です。「よし、君は合格。一緒にパラダイスに行こうね」と。それが確かに正論なのでしょう。でも、じゃあ「悪い犯罪人」はどうなるのか。やはり地獄行きですかね。それでは困る。なぜなら私はあの人だから。どうにもならない八つ当たりの方ですから。

「あなたはきょう、わたしと一緒にパラダイスにいる」の「あなた」って一体誰かという問題は、私にとって重要です。「あなた」は原語も二人称単数形ですから「あなたたち」とは訳せません。だったら、私はあえて「あなた」を、自分の責任を顧みず最期まで他人のせいにする「悪い犯罪人」の方だと読みたいのです。せめて「良い犯罪人のあなたは言わずもがな、筋違いの八つ当たり野郎のあなた、あなたこそ私が責任をもって天国に連れて行くから」とイエスに言ってもらいたいのです。

イエスは、飲み屋の女将さんみたいな存在で、「あなたどうしたの？　今日はやけに荒れてるじゃない。何かあったの？」と聞いて下さる。間違っても「自業自得じゃないの。私に当たるのは筋違いよ。なに甘えてんのよ」とは言わないし、「ともかく感謝しなさい」とも言わない。「お前のせいや、お前が悪い。何とかしろ」。この筋違いのムカつき野郎をイエスは受けとめてくださったと私は読みたいのです。だから「あなた」は、このムカつき野郎に違いないのです。イエスは、この救いようのない男をパラダイスに連れていかれたのです。

## 5　神様、クソったれ！

本日の箇所は、イエスが祈りについて語った箇所です。

「また祈る時には、偽善者たちのようにするな。彼らは人に見せようとして、会堂や大通りのつじに立って祈ることを好む。よく言っておくが、彼らはその報いを受けてしまっている。あなたは祈る時、自分のへやにはいり、戸を閉じて、隠れた所においでになるあなたの父に祈りなさい。すると、隠れた事を見ておられるあなたの父は、報いてくださるであろう」。

これは偽善者に対する批判です。当時の宗教的権威者たちは、街道や大通りで人に見せようと祈っていました。いかにも優等生って感じで。「ご立派」と言われるような祈りだったと思います。私たちが祈りたいけどなかなか祈れないあの祈り、「いつも喜んでいます。すべてのことを感謝します」を祈っていたのです。最初に申し上げました通り、こういう祈りが全部ウソで偽善だということではありません。すでに恵みはあるわけですから、これは不可能な祈りではない。

イエスは偽善には厳しく言及します。彼らは神からではなく人々から賞賛という報いを受けてしまっており、それを目的としていると、イエスは言うわけです。さらにイエスはこうも語っています。

「だから、施しをする時には、偽善者たちが人にほめられるため会堂や町の中でするように、自分の前でラッパを吹きならすな。よく言っておくが、彼らはその報いを受けてしまっている。あなたは施しをする場合、右の手のしていることを左の手に知らせるな。それは、あなたのする施しが隠れているためである。すると、隠れた事を見ておられるあなたの父は、報いてくださるであろう」。

（マタイによる福音書六章二―四節）

しかし私は、先のイエスの言葉を少し違う角度から読んでみたいと思います。つまり、私たちには偽善の祈りさえできない日があるという現実から読み直すということです。ムカついてムカついてやり場のない怒りに翻弄される日。それが身から出た錆《さび》であったとしても、誰かのせいにして罵詈雑言を吐き、くだを巻く日。祈りが呪いになる、そんな日があります。そういう現実からこの箇所を読み直したいと思うのです。

今、世界は呪いのような祈りに席捲《せっけん》されようとしています。「なんでこんなことになったんだ」というつぶやきが聞こえてきます。四月の末、東京練馬区のとんかつ店で火災があり、ご主人が亡くなりました。彼は東京五輪の聖火ランナーに選ばれていましたが、大会は延期となり、コロナの影響で経営も大変になっていました。情熱のある方で商店街を活気づけようと周囲を励ましていた地域のリーダーでした。詳しい事情は不明ですが、とんかつ油を浴びた形跡があったとのことです。

二〇一一年、福島第一原子力発電所が事故を起こしました。相馬市で牧場を経営していた男性は、同年六月、自宅に隣接する堆肥小屋の壁に「原発さえなければ。仕事をする気力をなくしました」と書き残して自殺されました。

思いがけない苦難の中に放り込まれた人は「なんで私がこんな目に遭わねばならないのか」とやり場のない怒りにさらされます。自業自得の「悪い犯罪人」でさえ、自分の「ムカつき」のやり場を探すのです。原発事故やコロナ禍で思いもよらない苦難を背負わされた人はなおさらです。「俺が何をした。なんでなんだ。誰のせいだ」。漆黒の闇の中で、この呪いのような祈りがこだまします。やり場のない怒りで私たちは壊れそうになります。このムカつきから逃れるために誰かを犯人にし、吐き出すしかない。

だから私は「祈る時は、部屋に入り、戸を閉じて、隠れた所においでになるあなたの父に祈りなさい。すると、隠れた事を見ておられるあなたの父は報いてくださる」を、偽善禁止とは違う読み方をしたいと思います。つまり、到底人前では祈れないような祈り、ムカついている思い、呪いのような祈りを神にぶつけるために「戸を閉じて祈れ」とイエスが言ってくれていると読みたいのです。怒り、やるせなさ、恨み、そういう呪いのような祈りは人前では出せない。関係のない人に八つ当たりすることもできません。ならば、それは神にぶつけたらよいとイエスは言っておられる。「戸を閉じ、ひとりで正直に祈ったらいいんだ」と。

大通りで祈るという偽善やきれいごとを好む世界では、弱さを表明することは至難の業です。「あいつ愚痴ばっかり言っている」と馬鹿にされるのが落ちです。だったら戸に鍵をかけて誰にも聞かれないようにして神だけに祈る。「神様、クソったれ」と祈るのです。「なんでこんな目に遭わせるんだ。あなた神でしょう。私を救いなさい。神様、クソったれ！」と。あの「悪い犯罪人」のようにイエスにぶちまけるしかない。他人には言えない、誰も分かってくれない、誰も引き受けてくれない呪いのような祈りを神にぶつけるのです。神は隠れたことをちゃんと見ておられるから安心して祈りなさい、呪いなさい、「神様、クソったれ」と叫びなさいとイエスは招いておられる。

「そんなにも苦しいことが突然あなたを襲ったのだ。意味の分からない、理由の分からない事態があなたに降りかかったのだ。あなたは今、やり場のない怒り、ムカつきを抱えて苦しんでいる。それがたとえ自業自得の苦しみであっても人はそれに耐えられない。恐怖に震えもがくのだ。あなたが戸惑うのは当然だ。だから私が『はけ口』となる。ムカついているのなら全部吐き出しなさい。私を呪いなさい。少しは楽になるだろう。恥ずかしいなら戸に鍵をかけて吐きなさい。『神さま、クソったれ』と叫びなさい。神は隠れたあなたの思いをちゃんと知ってくださる。ただ、これだけは言っておく。あなたは今日、私と一緒にパラダイスにいるのだ」。イエスはそうおっしゃっていると思うのです。

## 6　おわりに——イエスも実は吐いていた

聖書にはイエスご自身がムカついておられる場面があります。「大酒飲み」（ルカ七章三四節）と悪口を言われたイエスですが、ゲロゲロの方ではありません。私が注目するのは、イエスの最期です。

　昼の十二時になると、全地は暗くなって、三時に及んだ。そして三時に、イエスは大声で、「エロイ、エロイ、ラマ、サバクタニ」と叫ばれた。それは「わが神、わが神、どうしてわたしをお見捨てになったのですか」という意味である。（マルコによる福音書一五章三三―三四節）

「わが神、わが神、どうしてなんですか。なんで私を見捨てたんですか。どうして私が、こんな目に遭わなければならないんですか」。イエスもまた行き場のないムカつきを神に吐き出されたのです。あの「良い犯罪人」が言う通り「この人は何も悪いことをしていない」ならば、いっそうこの苦しみは理解不可能なものだったと思います。「なぜだ、なぜこんな苦しみを私が引き受けねばならないのですか。神様、クソったれ」とイエスが神に吐露するのは当然です。

　私たちが口にする、口にせざるを得ないあの悪口「神様、クソったれ」は、イエスにおいて共有されている。イエスこそが、このやり場のない怒り、ムカつきを経験しておられるのだと思います。

　教会は、信仰告白によって成立しています。ただ、そこには裏と表が確かにあります。「神様、感謝します」が表だとすれば「神様、クソったれ」は裏です。そのどちらもが信仰告白です。神様は、その両方をしっかり聞いて下さる。「隠れた事を見ておられるあなたの父は、報いてくださる」からです。

　東八幡キリスト教会は「神様、クソったれ」という告白を特に大事にしたいと思います。赤ちょうちんは下がっていませんが、裏路地の教会でありたいと思います。「一杯やってくか。愚痴を聞くよ。吐いちまいな」と。そんな教会があっていいと思います。嘔吐物《おうとぶつ》が点在する裏路地のその奥に「東八幡キリスト教会」という提灯を灯したい。

ついこのあいだムカついていた人が、今度は聞き役となってカウンターの奥に座っています。「どうしたの。しょうがないな。飲み過ぎだ。何かあったの。いや、俺も実は、そんなだったよ」と聞いてくれる。問題は簡単には解決しません。そもそも自分に問題がある場合は。しかし、吐き出すと何となく落ち着く。それが信仰告白なのだと思います。

パウロは言います。


なぜなら、人は心に信じて義とされ、口で告白して救われるからである。

（ローマ人への手紙一〇章一〇節）


別に気の利いたことを言わなくてもいいのです。無理して「感謝します」と言わなくてもいい。「神様、クソったれ」と叫ぶように告白する。イエスは、そんな私たちに「俺もさ、あの十字架でそう言ったんだよね」と聞いて下さる。私たちは苦難の時代を生きています。にもかかわらず、弱音を吐いてはいけないという空気が蔓延しています。しかし、弱音も愚痴も、神様は聞いて下さる。「助けて！」も立派な信仰告白です。この世界に助けがある、救いがあるということを信じているからこその告白なのです。

どうしてもやるせないなら、どうしても「ムカつく」なら、どうぞ戸に鍵をかけて叫んでください。「神様、クソったれ」と。家でだめなら教会でどうぞ。「神様、クソったれ」と。これは信仰告白です。「神も仏もあるものか」と神の前で神に対して叫ぶ。それこそが表層的な偽善的信仰ではない信仰の深みだと私は思うのです。

祈ります。

# 10　黙祷――祈れない夜に

二〇二〇年六月一四日

ルカによる福音書二二章三二節

「しかし、わたしはあなたの信仰がなくならないように、あなたのために祈った。それで、あなたが立ち直ったときには、兄弟たちを力づけてやりなさい」。

## 1　はじめに――絶望の闇の中で

皆さん、おはようございます。オンラインでご参加の皆さんもおはようございます。梅雨に入りました。蒸し暑くなり、マスクがしんどい季節となってきましたが、マスクをやめるわけにはいきません。ホームレス支援の炊き出しではお弁当と共にマスクを配っています。感染防止が第一義ですが、マスクをしないと街を歩けないし店にも入れないのも事実です。マスクが社会参加の基準となりました。しかし、マスクが手に入らない人はどうなるのか。

感染拡大の中、各地の夏祭りが中止になっています。滋賀県育ちの私は、子どものころから京都の祇園祭りによく出かけました。京都祇園祭りと言えば山鉾《やまぼこ》巡行が有名ですが、今年は中止。神事だけは八坂神社で行われるようです。祇園祭りは、八六九年に全国で疫病がはやった時、真言宗神泉苑《しんせんえん》に当時の国の数である六六本の鉾を立て、神輿《みこし》を出して災厄の除去を祈願したことが起源だそうです。疫病退散の祭りが疫病で中止になる。お祭りができないということは、神に祈る機会を失うことでもあります。「新しい日常」とか「ニューノーマル」とか言われていますが、宗教のあり方も変化していくのでしょうか。

ただ、コロナでなくても、祈ることができない日が人生にはあります。深い絶望が私たちを支配する日、私たちは祈ることも眠ることもできなくなります。絶望が私たちから祈りを遠ざけます。私は、ホームレス支援の中で余命いくばくもない人が病床で笑っているのを見てきました。ある方は、何度も自立について話しましたが、応じる気配はありませんでした。いっそう痩せられたと思い「ともかく病院に行きましょう」と説得しますが、「もういい」と言われるばかり。ついに倒られて救急搬送されました。

連絡を受け、病院に駆けつけました。診察された医師の説明を聞きました。やせ細った身体、あばらが浮き出た胸には突起のようなものがあり、それが皮膚を押し上げていました。「がんが骨にまで転移して肋骨が折れ、突き出ている状態です」と医師は説明しました。「尋常でない痛みのはずです。奥田さん、何でここまで放っておいたのですか」と医師から叱られました。無理やり病院にお連れすれば良かったと思いましたが、すでに手遅れ。余命は一か月と告げられました。

入院に必要な物を病室に届けに行きました。あまりの現実に慰めようがない。何を語ればいいのかと戸惑っている私に「奥田さん、俺ね、もうすぐ死ぬらしい」と笑って話されました。泣きもわめきもしない。「なんとかなりませんか」と医師に懇願することもなく、彼は笑っていたのでした。帰り際「僕は牧師なのでお祈りしていいですか」と聞くと「どうぞ」とおっしゃる。しかし、彼は目も閉じず手も合わせず、笑っておられました。それから数日後、彼は召されました。絶望が深いほど人は望むこともできず、祈ることもできなくなります。闇が深いほど、人は求めることさえできなくなります。

私たちにとって祈ることができなくなる日、それが絶望の日です。コロナ禍の中、仕事を失い、家を失う人が増えています。当たり前だった日常が崩れ始めています。自殺者の増加が心配されています。

## 2 慰められることさえ願わない

人はどんな時に祈るのでしょうか。私たちは何かを願い祈ります。「あれしてください」、「これしてください」と祈るわけです。願うこと自体が希望を持っている証拠だと言えます。希望を持っていない人は「何とかなりませんか」と言わない。だから祈りは希望だと言えます。

また、祈りは愛だとも言えます。「とりなしの祈り」はキリスト信仰にとって重要な祈りです。自分のことではなく他者のために祈るのです。祈りは愛です。

しかし今、祈りが消えようとしています。それは希望や愛が消えつつあるからです。先々の不安が深まり、皆が自分のことだけを考えるようになっています。昨今のトイレットペーパーの買い占めなどは、そのことを証明しています。コロナ禍において私たちはいっそう祈らなくなったように思います。

マタイによる福音書のイエス・キリストの誕生の場面にこのような話が出てきます。

さて、ヘロデは博士たちにだまされたと知って、非常に立腹した。そして人々をつかわし、博士たちから確かめた時に基いて、ベツレヘムとその附近の地方とにいる二歳以下の男の子を、ことごとく殺した。こうして、預言者エレミヤによって言われたことが、成就したのである。「叫び泣く大いなる悲しみの声が／ラマで聞えた。ラケルはその子らのためになげいた。子らがもはやいないので、慰められることさえ願わなかった」。（マタイによる福音書二章一六節以下）

誕生したキリスト、つまり新しい王、救い主を求めて、東の国から博士らがやって来ました。占星術師だったとも言われていますが、よく分かりません。「三人の博士」と言われますが、明確に三人とは書いていません。「博士」だから、よほど勉強したんでしょうね。しかし、あまり勉強ばかりすると人の気持ちが分からなくなるのかもしれません。博士らは、現役の王様のところに行って「すみません、新しい王様はどこにいますか」って聞く。聞かれた方も困ります。「え、王様って僕の他にいるの」と心配になります。権力者というのは実は弱い人間です。「新しい王」におびえたヘロデ大王は、博士たちから聞いた情報に基づき、ベツレヘム周辺にいる二歳以下の男の子を皆殺しにします。権力者の横暴に巻き込まれた人々は子どもを殺され、母たちは子どもがもう戻ってこないので泣き叫ぶしかありませんでした。母たちは「慰められることさえ願わなかった」のです。凄まじい悲しみ、底なしの絶望は、私たちから願うことを奪います。そして祈りは、失われたのです。

マザー・テレサは、祈りについてこのように述べています（『愛と祈りのことば』二九頁）。

祈るためにまず必要なのは、沈黙です。祈る人とは、沈黙の人といってよいでしょう。

祈りには沈黙が必要だとマザー・テレサは言います。人から神に発信することが祈りだと考えている者にとってはずいぶんと印象が違います。

## 3　路上の黙祷

NPO法人抱樸《ほうぼく》は、年に二回、路上で追悼集会を行います。正月の新年炊き出しと夏祭りにおいて、路上で亡くなっていった人々、家族のもとに帰ることが叶わなかった人々を追悼します。東八幡キリスト教会創立六〇年を記念して建てられた「軒の教会」（新教会堂）には、これらの方々を引き受けるための記念室（納骨堂）があります。すでに一〇〇人以上の方々が納められています。

路上の追悼集会では追悼碑というものが並びます。丸太を半分に割り、氏名、享年などを書き込みます。中には名前も分からず「氏名不詳」とだけ書かれた追悼碑もあります。かつては警察から呼び出されて安置室に向かうことが何度もありました。「この人誰ですか」と尋ねられるのですが、最後まで自分のことを言わないで召された人も結構おられました。

最初数本だった追悼碑が五本になり、一〇本になり、数は年々増えていきました。「ひとりの路上死も出さない」という私たちの使命（ミッション）を確認することから追悼は始まります。最近は追悼碑が増えることは少なくなりましたが、それでも一〇〇本を超える追悼碑が並んでいます。

追悼は全員の黙祷で行われます。その場にいる全員が帽子を取って黙祷します。その後、献花が始まります。野宿当事者、すでに自立した人、ボランティアなど含め、毎回二〇〇人以上が集まります。「黙祷――」と声をかけます。ざわざわしていた人々がシーンと静まり返ります。恐ろしいほどの静寂。風の音がやけに大きく聞こえます。

「黙祷」を辞書で引くと「無言のまま、心の中で祈祷すること」とあります。「祈祷」は「神仏に祈り求めること」。「黙祷」は、無言のまま、心の中で神仏に祈り求めることです。当初、私は黙祷の度に辞書通りのことをしていました。つまり、心の中で「神様、この人はとても寒い公園の片隅でひとりぼっちで亡くなりました。お腹もすかせていたと思います。どうぞ、天国では暖かい部屋をお願いします。お腹いっぱい食べられますように」などと祈っていたわけです。

しかし、路上の追悼集会が始まってすでに二〇年。黙祷の意味は、少しずつ変えられてきたように思います。年々追悼碑が増えていく中、「どうぞ神様、後はよろしく」では済まされないと思うようになったのです。そんな安っぽい慰めが入る余地がなくなってきた。そもそも黙祷している人の中には「いつ自分が黙祷される側になるか分からない」という現実を生きている人が多数いるわけです。一方でボランティアである私たちは、「この人が死んだ日、お前はどこにいた。何をしていた。何をしなかった」との問いが聞こえていましたが、それに答えられないでいました。「『抱樸＝原木をそのまま受け止める』、と格好のいいことを言ってはいるが、実際はどうなんだ。受け止めなかったからこの人は死んだのだ」と自分を責める声が聞こえていたのです。そうして黙祷は「ただ沈黙すること」とならざるを得なくなりました。慣れ親しんだ「願い事」の祈りは消え失せ、深い沈黙がその場を支配していきました。

しかし沈黙にも限界が来ます。黙祷はさらに次の段階へと進んでいかざるを得ませんでした。沈黙に耐えられなかった私たちは、心の中で「誰か何とか言ってくれ。この沈黙にはもう耐えられない。誰かの声が聴きたい」と思うようになりました。やがて黙祷は「聴くこと」となっていったのです。「この状況で何か語れる人がいるのなら、誰か何とか言ってくれ」という祈りを聴く。それが黙祷となりました。神様にあれこれ願うのも信仰です。しかし、自分が破れた時、もう祈れないとあきらめた時、慰めなんて聞きたくもないと思った時、信仰は沈黙の中で深まり、黙祷は自分の外から語りかけられる外からの声を聴くことへ私たちを誘ったのです。

マザー・テレサは、その後こうも語っています(『愛と祈りのことば』三二頁)。

祈りは願いごとではありません。祈りとは自分自身を神のみ手の中に置き、そのなさるままにお任せし、私たちの心の深みに語りかけられる神のみ声を聴くことなのです。

自分自身を神の手に委ね、任せ、心の深みに語りかけられる神の言葉を聴く。そうです、委ねて聴くのです。あの路上の黙祷の中で私たちがたどり着いたのはそんな祈りでありました。

## 4　信仰を持たない者の祈り

一九八七年、東京女子大学で大江健三郎さんが「信仰を持たない者の祈り」という講演をなさっています。その後この講演は、一九九二年に岩波書店から『人生の習慣《ハビット》』という題名で出版された本に収録されました。今日の私たちに重要な示唆を与えてくれるものだと思いますので、少し長いですが、お読みします。

大江さんのお子さんには障がいがありました。生まれた時、目が見えないと言われ、光《ひかり》と名づけられました。一九六三年生まれで私と同い年の方です。その後、目は見えることが分かったのですが、耳が聞こえていないのではないかと言われたそうです。知的障がいがある上に耳が聞こえないのは非常に難しい状態だそうです。聞こえているのかいないのか分からないまま、彼は成長していきました。

その頃、テレビで鳥の声の番組があったそうで、それを見ていた息子がピカピカっと光ったように父親は感じたそうです。そこでレコード屋に行って鳥の声のレコードを買ってきたというんです。

以下、引用です。

　ある瞬間、私はひとつのことに強い関心をもつ性格なんですね。ダンテならダンテに関心をもつと、何年間かそのことだけしか本気で考えない、ほかのことはあまり真剣にはやらないという暮らしをしてきました。その時も鳥の声に考えついたものですから、それを考えつづけることにしまして、日本で手に入る鳥の声のレコードは全部買ったのです、それをテープに入れてエンドレステープの仕組みも自分でつくりまして、一日中、子供が起きている間は鳥の声が家中に響くようにした。（中略）鳥の声を聞いている間は子供がおとなしく聞いているような気がしていたんです。

そして一年たって、私は野上弥生子《やえこ》先生が住んでいらっしゃる北軽井沢というところに山小屋を持っていて毎年そこへ行っていましたが、その子供が少し元気になったもので、かれも連れて行くことにして、はじめて一緒に山小屋へ行きました。夕方そこに着いて、一年間閉めきりにしていましたから、妻が家の掃除をします。その間私は森の中に立って、子供を肩車して待っていたわけです。子供は何も喋らないわけですから、ふたりともずっと黙っていました。ところが近くに小さな湖があるんですけれども、そこにはクイナというトントンと木を叩くような声で啼く鳥がいて、トントン……という声がした。「あ、クイナが啼いている」と思いました。そうすると頭の上で澄み切った声が「クイナです」といったんです。私は非常に緊張しました。一方では幻聴なんじゃないかとも思っていました。そうすると、次にまたクイナがトントンと啼くと、頭の上で子供が「クイナです」といっているんです。

鳥のテープに解説をしているＮＨＫのアナウンサーがじつに丁寧な話し方をされるわけです、それもポーカー・フェイスの。クイナの声が流れると、アナウンサーが「クイナです」というんですね（笑）。「シジュウカラです」とか、「オナガです」とか、「センダイムシクイです」というふうにいってゆくわけです。その声をずっと聞いている子供は覚えていて、そういったわけです。

　私はいきなり家の中に駆け込んで妻に、子供のことをプーちゃんというんですけれども、「プーちゃんがいま『クイナです』といったぜ」と伝えました。妻はギョッとして私を見ました。不思議そうな目で。いわば「また新しい苦難が始まった」という目つきをしました（笑）。私はそれでも妻を説得したわけです。「鳥の声の名をいうから、聞こう」と。

　夜というのは鳥が啼かないものです。本当に。ところがヨタカという鳥がいるでしょう。変な悲鳴のような声のヨタカだけが啼くわけです。それが一声啼きましたら、子供が「ヨタカです」といったんです（笑）。それで私は興奮しまして、妻も興奮しまして、もう眠ることができなくて翌朝まで待ちました。午前五時頃になりますと、森中の鳥が啼き始めます。そうすると私の子供は、「オナガです」とか、「ウグイスです」とか、「シジュウカラです」とか、「センダイムシクイです」とか、「ビンズイです」とか、「ニワトリです」とか（笑）、無数の鳥の名前をいったのでした。それからかれは喋るということがわかって、私たちは子供に話しかけますから、子供も話すようになりました。

　鳥の声を聞いた時、それもいちばん最初に聞いて、二番目の鳥の声が聞こえる間、自分の心にあったものが、私は自分としては、やはり祈りみたいなものだったと思っています。

　最初に鳥の声を聞いて二番目の鳥の声が聞こえるまでの間、言葉が出ないと思っていた子供が本当に話せるのかを確かめるために、ひたすら黙って耳を傾けて待った。その間にあったものが「祈り」だったと大江さんは言います。黙って耳を傾けて待つこと、それが祈りだと。マザー・テレサと大江さん、そして路上の黙祷に共通するものは沈黙です。「誰か何か言ってくれ」と聴き耳を立てて待つことです。

その前の方で、大江さんはこのようにも語っています。

　そうして信仰を持たないでいても、ある宗教的なものといいますか、祈りのようなものを自分が持っていると感じる時が、人生のいろいろな局面であったのです。やはり信仰の光のようなものがあって、向こうからの光がこちらに届いたことがあると私は思っているのです。

希望は、自分の中にあると皆が思っています。何かを願い祈るのは、それがあるという証拠です。しかし、それがなくなる日が来る。「慰められることさえ願わない日」です。ではその日、それでもなお希望があるとしたらそれはどこからくるのか。大江さんは、「信仰の光のようなものがあって、向こうから光がこちらに届」くと言う。私たちをもう一度立ち上がらせる「祈り」は、私たちの中からではなく、外から差し込んでくる光なのです。まるで潮が満ちるようにやって来る。

潮が満ちると言えば、北九州に赴任した時にこんなことがありました。高須教会の山田雄次先生は牧師としての私の師匠でもあり釣りの師匠でもあります。ある時、先生が魚釣りに連れて行ってくださいました。その日、アジがたくさん釣れました。

数日後、私は教会学校の子どもたちを連れて、先日先生と行った堤防に行く計画を立てました。

釣り竿、エサなどたんまり買い込み準備万端、いざ釣り場に到着しました。な、な、なんと、海がない。当然魚はいません。どういうこと？

皆さん、海には干潮と満潮があることをご存じですか。私は琵琶湖の育ちで、琵琶湖はいつ行っても琵琶湖です。干満がない。その時間は干潮でした。仕方なくエサを全部海に捨てて、子どもたちをマクドナルドに連れて行くと説明し、結局、釣りは中止にしました。道具代も含めると大出費。

こんな時、皆さんならどうされますか。答えは簡単。黙って待つのです。向こうから潮が満ちてくるのを。外から差し込む光を待つごとく。沈黙という祈りは、そういうことだと思います。時に、人には待つことが必要になります。どうしても言葉が出ない日、心が打ち破られたように感じる日、私たちは沈黙するしかない。祈れない日は、外から差し込む光の到来を待つしかないと私は思います。

## 5　祈れないペテロは祈られていた

ペテロも祈れなくなった日があります。彼は、イエスの十二弟子の中心人物でした。イエスは自分が今後裏切られ、殺されることを弟子に伝えます。

「しかし、そこに、わたしを裏切る者が、わたしと一緒に食卓に手を置いている。人の子は定められたとおりに、去って行く。しかし人の子を裏切るその人は、わざわいである」。

（ルカによる福音書二二章二一―二二節）

これはペテロにとってはショックでした。さらにペテロは、イエスからこのように告げられます。

「シモン、シモン、見よ、サタンはあなたがたを麦のようにふるいにかけることを願って許された」。（同三一節）

シモンはペテロのことです。「裏切者が出る」の後に「サタンがあなたをふるいにかける」と言われ、ペテロは慌てます。「えっ、私ですか」と。そしてこのようなことを言い出しました。

シモンが言った、「主よ、わたしは獄にでも、また死に至るまでも、あなたとご一緒に行く覚悟です」。（同三三節）

しかし、イエスは残念ながら「そうはいかない」とペテロに告げます。

するとイエスが言われた、「ペテロよ、あなたに言っておく。きょう、鶏が鳴くまでに、あなたは三度わたしを知らないと言うだろう」。（同三四節）

面と向かって言われたペテロはショックだったと思います。しかし、イエスの言った通りペテロは三回イエスを知らないと言いました。

それから人々はイエスを捕え、ひっぱって大祭司の邸宅へつれて行った。ペテロは遠くからついて行った。人々は中庭のまん中に火をたいて、一緒にすわっていたので、ペテロもその中にすわった。すると、ある女中が、彼が火のそばにすわっているのを見、彼を見つめて、「この人もイエスと一緒にいました」と言った。ペテロはそれを打ち消して、「わたしはその人を知らない」と言った。しばらくして、ほかの人がペテロを見て言った、「あなたもあの仲間のひとりだ」。するとペテロは言った、「いや、それはちがう」。約一時間たってから、またほかの者が言い張った、「たしかにこの人もイエスと一緒だった。この人もガリラヤ人なのだから」。ペテロは言った、「あなたの言っていることは、わたしにわからない」。すると、彼がまだ言い終らぬうちに、たちまち、鶏が鳴いた。主は振りむいてペテロを見つめられた。そのときペテロは、「きょう、鶏が鳴く前に、三度わたしを知らないと言うであろう」と言われた主のお言葉を思い出した。そして外へ出て、激しく泣いた。（同五四―六二節）

ペテロだけではありません。人は弱い。私も他人事ではありません。ペテロは激しく泣くしかありませんでした。この日ペテロは祈る言葉を失ったのです。確かに悔い改めの祈りというものもあります。しかし神様に「すみません」と祈ることは、ペテロには今さら無理だった。「死んでもあなたから離れません」と言い「三度知らないと言う」と警告を受けた直後にやってしまう。それが人の現実です。

ですから、この恐ろしい出来事が起こる直前、イエスはペテロにあることを告げたのです。それが本日の聖書箇所です。

「しかし、わたしはあなたの信仰がなくならないように、あなたのために祈った。それで、あなたが立ち直ったときには、兄弟たちを力づけてやりなさい」。（同三二節）

イエスは、すべてご存じだったのです。イエスはペテロに言います。「私はあなたのために祈った」と。ペテロはこの後、祈ることなどできない状態となりました。合わせる顔がない。しかし、そんな日であるにもかかわらず、ペテロから祈りが絶えることはありませんでした。それでもペテロは祈りの中にいた。なぜならば、イエスがペテロのために祈っていたからです。「しかし、わたしはあなたの信仰がなくならないように、あなたのために祈った」というイエスの言葉が沁《し》みます。特に「あなたのために祈った」は、不定過去が使われており、すでに終わった行為を表します。「もしもの時は祈るからね」ではない。イエスの祈りが先行してすでにあったのです。ペテロが祈り求めたからイエスが応えたのではないのです。イエスが絶対的主体としてペテロのことをすでに祈っていた。祈りは、人が神に語りかけることだと考えていた私たちは、ここでそうではないことを知ります。祈りが逆転した瞬間です。

情けなくて激しく泣くしかない日が来る。だからこそ、イエスはあなたのことを祈られたのです。

自分を裏切り、十字架に架けた人のためにイエスは祈ったのです。となれば、私たちから祈りを奪い去る者がどこにいるでしょうか。祈りがある、あり続けるということは、私たちがそれでもなお愛と希望に留まり続けていることを示唆しています。希望と愛がなくなると人は生きていけない。イエスはペテロを、あなたを、私を、死なせはしないと祈ってくださったのです。

そして、「あなたが立ち直ったときには、兄弟たちを力づけてやりなさい」。「それでも生きよ」と祈られた者たちには、新たな使命（ミッション）が与えられます。

## 6　主の祈り

「ペテロ、泣いているのか。死んでも一緒と君が言った時、マジうれしかった。でも、そうはならない。人は弱い。罪人なのだ。君は祈ることもできず、激しく泣くしかなくなる。希望も愛も見失い、祈りは消える。でもね、それでも君は祈りから離されることはない。希望も愛も君から奪い去られることはない。それは僕が君のことを祈ったからだ。君は泣きながら僕の祈りに身を委ねるのだ。君が元気になったら、君がしてもらったように誰かのことを祈りなさい。みんなを元気づけてやるのだ」。イエスは、そんなふうにペテロのことを祈っておられたのです。私たちは、そんなふうにイエスによって祈られているのです。

東八幡キリスト教会では、礼拝の中で必ず「主の祈り」を捧げます。

天にまします我らの父よ。願わくはみ名をあがめさせたまえ。み国を来らせたまえ。みこころの天になるごとく、地にもなさせたまえ。我らの日用の糧を今日も与えたまえ。我らに罪をおかす者を我らがゆるすごとく、我らの罪をもゆるしたまえ。我らを試みに遭わせず悪より救い出したまえ。国と力と栄えとは、限りなくなんじのものなればなり。アーメン。

これはイエスが弟子たちに教えた祈りだとされています。確かにそうなんですが、私は主の祈りの本質はそこではないと思います。

たとえば「母の祈り」という言葉があります。子どもが病気の時、お母さんは必死になってその子のために夜も寝ずに祈り続けます。「もう助からない」と医者もさじを投げたにもかかわらず、母は祈り続ける。翌朝、奇跡的に子どもは回復し元気を取り戻しました。こんなとき「母の祈りが天に通じた」と言います。「母の祈り」は、母が子どもに教えた祈りではなく、子どものために母が祈った祈りなのです。

「主の祈り」もそうなのではないかと思います。あれはイエスが私たちに教えた祈りではなく、イエスが私たちのために祈った祈りだと。私たちが唱える「主の祈り」は、実は私たちが、主によってすでに祈られていたということを意味している。そして「彼らに食べるものを与えてくださ い」「罪を赦してやってください」「お互い赦し合えるようになりますように」「試練に遭わせないでください」。「主の祈り」は、イエスが私たちのためにすでに祈ってくださった祈りだと思います。

イエスに祈られている。だから私たちも「主の祈り」を祈ることができる。祈ることができない日も、あなたは「主の祈り」に包まれています。主は、あなたの信仰がなくならないように祈られたのです。これが祈りの本質です。祈れない日は、少し黙って耳を澄ませましょう。どこからか「主の祈り」が聴こえてきます。沈黙の中でこの祈りに身を委ねます。すると心の深いところに語りかけられている神の声、あなたのために祈っておられるその声が聞こえてきます。

## 7　おわりに――大石カズ先生

私がこの教会に就任したのは一九九〇年でした。右も左も分からないというのはまさにその時の私でした。今年で就任三〇年になりますが、二五歳の青年を暖かく見守ってくださった方々がおられたゆえに「ここまでもった」というのが事実です。

その中のお一人に、大石カズという姉妹がおられました。二〇〇五年に九五歳で召されましたが、私たち夫婦は本当にこの方に助けられました。二〇〇五年七月、召される数日前ですが、危篤の知らせを受けて連れ合いの伴子と島根県松江市の病院に駆けつけました。大石先生はすでに意識不明でした。「先生」というのは、この方が西南女学院で英語の教師をされていたからです。

大石先生の好きな讃美歌は『山べにむかいて』で、私たちは先生の耳元でこの讃美歌を歌い始めました。すると意識のなかった先生が「あー」って反応し始めたのです。看護師さんが驚いて飛んできて「何かしましたか」と言われるんで「いや讃美歌を歌いました」と応えました。すごいですね、信仰というものは。意識を失っても讃美歌を歌われるんですから。いや、たぶん讃美歌は聞こえたんだと思います。「ああ、奥田先生、伴子さん」って言ってくれたんだと思います。数日後、召されたとの知らせを受けました。

私が赴任した時、大石先生は八〇歳。年を重ねながらも、とても積極的な方でした。徐々に視力は低下し、さらに視野狭窄《しやきようさく》となられました。「教会の奉仕ができない」と言って悩んでおられたので「先生、お茶碗洗いをお願いします。先生、手元は見えるでしょう」と申し上げてやっていただいたのですが、実に上手に洗われる。カチャカチャ音が鳴らないわけです。

大石先生に何よりも勧めたのは「皆勤賞」。「先生、先生は、この教会の最長老ですから、先生が礼拝だけでなく、家庭集会、祈祷会、すべての集会に皆勤してくださると、若い私たちは元気になりますよ」と申し上げたところ、「そうですか。それならできそうです」と、以後すべての集会に出席されるようになりました。帰りは、私が車でお送りします。道中いろいろなお話を聞けるのが、また楽しかったです。当時、礼拝は一〇人程度で、今から思うとずいぶんのーんびりしていました。

そんな大石先生を不安にさせていたことがありました。「物忘れ」です。当時の礼拝堂の脇には「サイドルーム」と呼ばれていたスペースがあって、礼拝後、みんなでうどんを食べて、その後は羊羹などを切っておせんべいを食べながらお話をする。

するとと大石先生がおっしゃるんです。「奥田先生、私ね、先生がお説教をされているのを見ていますと、孫を思い出しますの。東京の大きな会社で働いているのですよ」と。その話を聞いて「あ、そうですか。お孫さんと一度お会いしたいですね」と応える。

お茶を飲んでいると、大石先生が「奥田先生、少しいいですか。私ね、先生がお説教をされていますと孫を思い出しますの。東京の大きな会社で働いていましてねえ、ええ」とおっしゃる。僕は少々混乱し始めます。「ええっと、これ聞いたことがあるぞ。この場面、確かにあった。デジャヴュか」と。でも、大石先生はまじめに話しておられるわけです。だから僕も「そうですか、一度お会いしたいですね」と応えます。

しばらくすると「奥田先生、私ね、先生がお説教されるのを見ていますと孫の……」と話し始められる。「また来たー。これは現実だあああ」。大石先生は忘れておられる。ただ、これを指摘するのは難しい。何度お聞きしても私は別に支障はない。とりあえずこのまま聞き続けることにしました。

先に申し上げた通り、大石先生は「皆勤賞」を目指しておられましたから、週に二、三回は教会に来られるわけです。お会いする度に、お孫さんのことが三、四回出てくる。年間五〇〇回くらいになります。

ある日、いつも通り「奥田先生、私ね……」と始まりましたので「お孫さんですかな」と言いますと先生は驚かれて「わあああ、先生すごい。なぜお分かりになったの」と言われるので「まあ、牧師ですからなあ」とお答えしておきました。

一年以上「お孫さん」の話が続いたそんなある日。どうも、大石先生も何かおかしいと思われ始めていたようです。「先生、最近物忘れをしているようなんですが、何かご迷惑おかけしていませんでしょうか」と少し沈痛な面持ちで話されました。「先生、忘れることは誰でもあります。大体、忘れてもいいことを忘れるわけです。現に先生は、教会も、私の顔も覚えておられる。だから、大丈夫ですよ」と答えました。ただ、そんな心配も、その後忘れられたようで、一時間後には「先生、私ね、先生がお説教されているのを見ると……」が再開されました。私もいつも通り「一度お会いしたいですね」と申し上げます。

ある日の礼拝で大石先生が献金のご奉仕に立たれました。視野狭窄もあって先生は礼拝堂の前方で待っておられ、お祈りを担当されることになっていました。普通、献金のお祈りは「この献金を御用のためにお用いください。イエス・キリストのみ名によって。アアメン」という感じですよね。この日の大石先生も最初はそのように祈られました。でも「アアメン」となりません。少しの沈黙の後、祈りは続きました。

神様。私は最近どうも物忘れをしているようなんです。皆さんにご迷惑をおかけしているかもしれないと思うと心が苦しくなります。そして、このままだといつか神様のことも忘れてしまうのではないか。そう思うと、私は本当につらいのです。

二年目の新米牧師は、どうしようかと焦っていました。講壇から降り、先生の横に立って「そんなことはないです」と声をかけようかとも思っていました。ドキドキしながら薄目を開けて大石先生を見つめます。礼拝堂は静まり返っていました。その「沈黙」の中、大石先生のお祈りはさらに続きました。

神様。私は、いつか神様のことさえ忘れてしまうかもしれません。しかし、神様、あなたは私のことを決してお忘れにはなりません。だから私は生きていけます。イエス様の御名によって、アアメン。

出席していた全員が心の底から「アアメン」と唱和した声が礼拝堂に響きわたりました。「アアメン」は同意を示す言葉です。全員が「私も本当にそう思います!!!」と歓声を上げたのです。

私は牧師になって三〇年になりますが、この祈りは忘れることができません。私は大石先生から、信仰とは何か、祈りとは何かを教えてもらったように思います。

旧約聖書のイザヤ書にこのような言葉があります。

女が自分の乳飲み子を忘れるであろうか。母親が自分の産んだ子を憐れまないであろうか。たとえ、女たちが忘れようともわたしがあなたを忘れることは決してない。

（イザヤ書四九章一五節、新共同訳）

親子の関係というのは一番強い絆だと言えます。しかし、忘れるはずのない母親が子どものことを忘れたとしても、神である私はあなたを絶対に忘れないと神は宣言されるのです。

さらに、パウロもこう言っています。

御霊もまた同じように、弱いわたしたちを助けて下さる。なぜなら、わたしたちはどう祈ったらよいかわからないが、御霊みずから、言葉にあらわせない切なるうめきをもって、わたしたちのためにとりなして下さるからである。
（ローマ人への手紙八章二六節）

人生には「どう祈ったらよいかわからない」日があるとパウロも言います。そんな日は、神の霊が自ら、言葉にならないうめきのような祈りをもって、あなたをとりなしてくださる。だから、あきらめちゃだめです。たとえあなたが絶望しても、祈れなくても、あなたは祈られているのだから。パウロは、誰もあなたから祈りと希望と愛を奪い取ることはできないと言うのです。

今日は祈りとは何かについて考えました。現在、多くの人が思いがけない事態の中で、祈れない、望みを持てない状態になっておられます。そんなあなたに「お前のためにすでに祈った」とイエスは言います。皆さんは祈られているのです。沈黙し、心を澄ませてみましょう。「主の祈り」が聴こえてきます。

そして、元気になったら誰かのために祈りましょう。あなたが祈られたように祈ってあげてください。それが信仰の営みというものです。祈りは絶えることがない。私たちを祈りから、希望から、愛から引き離すものはありません。

今日の礼拝は「黙祷」をもって終わりたいと思います。どうぞ耳を澄まして「主の祈り」をお聴きください。では黙祷します。

黙祷――。

# 11　資格は失格、信用できるはずもなく――それでも父は喜んだ

二〇二〇年六月二一日

ルカによる福音書一五章一一―二四節

また言われた、「ある人に、ふたりのむすこがあった。ところが、弟が父親に言った、『父よ、あなたの財産のうちでわたしがいただく分をください』。そこで、父はその身代をふたりに分けてやった。それから幾日もたたないうちに、弟は自分のものを全部とりまとめて遠い所へ行き、そこで放蕩に身を持ちくずして財産を使い果した。何もかも浪費してしまったのち、その地方にひどいききんがあったので、彼は食べることにも窮しはじめた。そこで、その地方のある住民のところに行って身を寄せたところが、その人は彼を畑にやって豚を飼わせた。彼は、豚の食べるいなご豆で腹を満たしたいと思うほどであったが、何もくれる人はなかった。そこで彼は本心に立ちかえって言った、『父のところには食物のあり余っている雇人が大ぜいいるのに、わたしはここで飢えて死のうとしている。立って、父のところへ帰って、こう言おう、父よ、わたしは天に対しても、あなたにむかっても、罪を犯しました。もう、あなたのむすこと呼ばれる資格はありません。どうぞ、雇人のひとり同様にしてください』。そこで立って、父のところへ出かけた。まだ遠く離れていたのに、父は彼をみとめ、哀れに思って走り寄り、その首をだいて接吻した。むすこは父に言った、『父よ、わたしは天に対しても、あなたにむかっても、罪を犯しました。もうあなたのむすこと呼ばれる資格はありません』。しかし父は僕たちに言いつけた、『さあ、早く、最上の着物を出してきてこ

の子に着せ、指輪を手にはめ、はきものを足にはかせなさい。また、肥えた子牛を引いてきてほふりなさい。食べて楽しもうではないか。このむすこが死んでいたのに生き返り、いなくなっていたのに見つかったのだから』。それから祝宴がはじまった。

## 1 はじめに

皆さん、おはようございます。オンラインでご参加の皆さんもおはようございます。「コロナの時代に聖書を読む」ということでお話をしてきました。一一回目になります。相変わらずコロナの状況は心配です。北九州は少し収まったように見えますが、ブラジルやアメリカは大変な状況です。三月の上旬、二〇一六年に起こった津久井やまゆり園事件の判決が出ました。当時二六歳の元職員の青年が「障がい者は生きる意味のないいのち」と主張し一九人を殺害、二六人を負傷させた事件でした。彼は重い障がいのある人を「心失者《しんしつしゃ》」と呼びました。これは「言葉でコミュニケーションが取れない人は心がない」と考える彼の造語です。判決は死刑でした。本人が控訴をしなかったため刑は確定しました。

「戦後最悪」と言われた事件。犯人の主張や行動を擁護するつもりはありません。しかし、彼の言う「意味のあるいのち」と「意味のないいのち」という分断は、彼のオリジナルな発想ではなくこの社会に現に存在している価値観だったと私は考えています。あのような残忍な行動に出る人はいませんが、「意味や価値の有無」、あるいは「生産性の有無」を問われ続けている時代を私たちが生きているのは事実です。

私は二〇一八年七月に犯人の青年と拘置所で面会しています。その時「君が言いたいのは『役に立たない人は死ね』ということですか」と尋ねると「そうです」と彼は答えました。その後、「では、あなたに尋ねますが、事件直前、あなた自身は役に立つ人間だったのですか」と問うと彼は少し考え、「僕はあまり役に立ちませんでした」と答えたのでした。この青年は障がい者を殺すことで「自分は意味のある人間だ。役に立つ人間だ」ということを証明したかったのではないかと、その時私は感じたのでした。「役に立つか立たないか」。彼も私もそのプレッシャーの中にいたのだということを感じたのです。その点では彼と私は同じではないか。だから、あの事件を「異常な青年の犯行」で終わらせないで、この社会が抱えているゆがんだ価値観を見つめる機会にすべきだと思います。彼は時代の子だった。そして私もまた時代の子なのだと思うのです。繰り返しますが彼を弁護する気持ちはありません。

私はホームレス支援の現場で何度も住民反対運動にさらされてきました。そういう現実の先にあの事件はあったと思います。「住民反対運動とやまゆり園事件は違う」と言いたい方もおられると思います。当然です。同じではありません。そもそも住民反対運動で人が殺されることはありません。ですが、イエスはこんなことをおっしゃっています。

「昔の人々に『殺すな。殺す者は裁判を受けねばならない』と言われていたことは、あなたがたの聞いているところである。しかし、わたしはあなたがたに言う。兄弟に対して怒る者は、だれでも裁判を受けねばならない。兄弟にむかって愚か者と言う者は、議会に引きわたされるであろう。また、ばか者と言う者は、地獄の火に投げ込まれるであろう」。

（マタイによる福音書五章二一―二二節）

昨年（二〇一九年）の九月、日本列島を台風一九号が襲い、テレビでは「命を守る最大限の努力を」との呼びかけが繰り返されていました。嵐の中、東京都台東区の避難所に数名のホームレスの人が避難しようとしましたが、「区民ではない」ことを理由に断られ、嵐の中に押し返されました。実は、外国人や観光客は受け入れていたことが後日判明し、問題の深刻さが浮き彫りになりました。私が代表をしている「ホームレス支援全国ネットワーク」も抗議と共に提案を区長に届けました。こういう問題は抗議だけをしていても始まりません。じゃあどうするのかということまで伝えなければならない。現実問題としてお風呂も入れず着替えることもままならなかったホームレス状態の人が避難所に来られた時、横並びで寝てくださいは難しい。だったら、みんなが使えるシャワーを避難所に完備する、着替えなどの準備と共に困窮状態の人の相談窓口も併設する、さらにこういうことは地域のＮＰＯと連携して仕組みを作るべきだ、などを提案しました。その後、区長からお返事をいただきました。

起こったことは重大です。いのちを守る避難所がいのちを分断したのですから。「命を守る最大限の努力を」と呼びかけなければならないほど事態は深刻だったにもかかわらず避難所入所を拒否する社会とは何か。差別や排除がいのちに直結する事態であることを改めて認識すべきです。ホームレスの排除や差別、あるいは住民反対運動が津久井やまゆり園事件に繋がると考えるのは、そういう現実があるからです。

兄弟に対して怒る者、愚か者と言う者、ばか者と言う者、あるいは差別する者は、兄弟を殺したのと同じだとイエスは言います。私たちは、今一度自分が時代の子であることを認識することから始めたいと思います。

あの判決は、裁判上は被告人の罪を裁くものでありましたが、時代的な意味としてはそういう価値観そのものに対する判決だったと捉えた方がよいと私は思います。

## 2　コロナが問うたこと――いのちが大事

新型コロナは、そういう、いのちを分断する社会にやってきました。これまでも新しい感染症の流行はあったので、今回もすぐに収まると思っていました。しかし、収まるどころかすぐにパンデミック（爆発的感染）となった。その結果、世界中の人々が当事者となったのです。例外なく全員がいのちの危機にさらされています。

自然災害の場合「一定の地域」が被災し、被災を免れた地域の人々が支援するという構図になります。「東日本大震災」との命名自体、それが局地的であることを示しています。しかし、今回のコロナ・パンデミックはすべての人が感染リスクにさらされました。全員が当事者となったのです。グローバルといえば経済を思い浮かべますが、コロナ感染の急激な広がりを見ていると、この世界がつくづくグローバル状態だったと気づかされます。昨年暮れに中国武漢で最初の重症肺炎患者が出て、その三か月後には世界がパンデミックになった。世界はつながっています。しかも、人でつながっている。この感染症は飛沫による感染です。つまり、人から人にしかうつらない。グローバルは経済や情報だけでなく、人と人が二メートル以内でつながっていたということにおいてもグローバルだったのです。「人は二メートル以内でつながっていた」。このことは、私に妙に驚きと感激を与えたのでした。

さらに、この感染が普遍的であったことは——決して喜んでいるわけではありませんが——私には新鮮でした。民族も肌の色もジェンダーも貧富も権力の有無も、あるいは家があるかないかも関係なく、つまり差別なく感染します。この意味でコロナは「普遍的」だったのです。皮肉なことにあれだけ分断された社会において、この病気は人類すべて、つまり差別せずに流行しています。コロナの前では「自国第一主義」や「自分だけ」は通用しません。

ただ、感染リスクは一律ですが、結果は差が出ます。この世界が格差社会だからです。ステイホームできる人とできない人がいます。今後、ワクチンが開発されるでしょうが、金持ちの国が先んじてワクチンを打ち始めると思います。コロナ感染の普遍性が、生き残るための施策の普遍性につながるのか。それが問われています。感染を全世界で止めない限りウイルスは今後変異していくとも言われており、人類が普遍的に対応できるか否かが試されることになります。

「コロナ禍になって考えたのは、「『すべての人』という普遍的な枠組みを私たちはどこかで忘れてきたのではないか」ということです。格差や分断があるのは仕方ないと、どこかであきらめてきたのではないか。その挙句「意味のあるいのち」と「意味のないいのち」が分断され、障がい者が殺されました。そんな中、コロナはすべてのいのちが生き残るためにどうしたらよいかを私たちに問うたのです。

聖書は救い主の到来をこのように告げています。

　御使は言った、「恐れるな。見よ、すべての民に与えられる大きな喜びを、あなたがたに伝える」。（ルカによる福音書二章一〇節）

救い（主）は「すべての民」に与えられたのです。救いは普遍的なのです。しかし教会はこの「すべて」を忘れてしまい、いつの間にかクリスチャンだけが救われると言い出した。福音が普遍性をなくすと、それはもはや福音ではありません。

教会を含め、あらゆる分野で分断が起こっています。そんな世界の現実をコロナは問うていると思います。イエスは、「無くてならぬものは多くはない。いや、一つだけである」（ルカによる福音書一〇章四二節）と言いました。「ただ一つ」とは何か。それは、すべての人において「なくてはならないただ一つのこと」です。改めてこのコロナにおいてそれが何かを考えさせられました。実に単純で当たり前のことですが、私は「いのちが大事」だと思います。この「ただ一つ」のものに私たちは、コロナによって立ち返らされているのです。

日本人は勤勉だと言われてきました。一方で「過労死」という日本独特と言われる事態が起こっています。人は幸せになるために働くのであって、働き過ぎて死んでしまうというのは本末転倒もいいところです。「過労死（karoshi）」という日本語が海外で通用するのは、海外の人にはそんな現実が理解できないからです。私たちはいつの間にか「いのちよりも仕事が大事」と思っていたのではないか。子どもたちも同様で、どれだけいじめられても学校に通わねばならないと考えていたのではないか。いのちよりも学校が大事。私たちはどこかで道を間違ったのだと思います。

しかし、そこにコロナがやってきました。私たちは通勤も通学もやめることにしたのです。なぜか。感染したくないからです。いのちが何よりも大事だと思えたからです。経済への影響は計り知れません。国は給付金や保障を十分に準備すべきです。しかし、どれだけ通勤ラッシュが過酷でも電車に乗り、大震災の後は歩いて会社に行っていた人々が、自宅でテレワークを始め、学校は一斉休校になりました。私たちは気づき始めたのです。「なくてならぬただ一つのもの」は何かということを。「いのちが最優先」ということを。

先日、若松英輔さんと対談をした時、「先に終わらさなければならない宿題があるんじゃないか」とおっしゃっていました。ポストコロナとか、新しい生活様式とか、話題はすでにコロナ後になりつつあります。ですが、私たちは今立ち止まって考えなきゃならないんじゃないか。宿題とは何かを。それは「いのちを分断してきた社会」をどうするのかということです。いのちに価値付けをし「意味のあるいのち」と「意味のないいのち」に分断してきた社会をどうするのか。このままでいいのかとコロナは問うたのです。

「いのちが大事」。これが大前提である社会こそが、ポストコロナ社会だと思います。「どのいのちが意味のあるいのちか」あるいは「どのいのちが意味のないいのちか」ではなく、私たちが宣言すべきは「いのちに意味がある」、「生きていることに意味がある」という事実です。これを貫ける社会を作るのです。「新しい生活様式」とは、そういう社会の根底にあるべき普遍的価値を確かめることから始めねばならないと思います。

今こそ悔い改めるチャンスです。「悔い改める」は聖書ではメタノイアです。これは「反省する」とか「振り返って謝る」ということではありません。方向転換であり、生き方を変えるということです。同じところに立って同じように見ていては何回反省しても結果は同じです。「悔い改める」とは、あのイエスの言葉から考えること、すなわち「なくてならぬ一つのもの」を考えることです。それが「ポストコロナ」に向かううえでなくてならぬ姿勢です。

## 3　父と息子のズレ――資格かいのちか

今日の聖書の箇所は有名な「放蕩《ほうとう》息子」のお話です。ルカによる福音書にしか登場しない物語ではありますが、聖書で最も有名な譬え話の一つです。コロナ禍において、この物語は私たちに何を告げようとしているのか。それを考えたいと思います。

ある人に二人の息子がいました。弟が「お父さん、財産を分けてください」と言い出します。まだ元気なお父さんをつかまえて実に失礼なことを言う。でも、お父さんもお父さんであげちゃうわけです。困窮者支援の現場感覚からすると「ダメじゃん」というパターンです。

弟は全財産を持って町に行きます。そして放蕩の限りを尽くします。放蕩とは「思うままに振る舞うこと。特に、酒や女遊びにふけること」と辞書にはあります。この書き方だと放蕩は男の問題になっていますが、これはどうかと思います。

「ダメじゃん」と心配した通り、弟は、思うまま、勝手放題やってしまいます。お金があるうちは友だちが寄ってきましたが、金の切れ目が縁の切れ目。お金がなくなるとともにみんないなくなりました。弱り目に祟《たた》り目とはこのことで、飢饉《ききん》が訪れます。彼は、食べる物にも困るようになりました。何とか豚飼いの仕事にありついたのですが、お腹が減って豚のエサを食べたくなるほどでした。いよいよ困り果て、ついに家に帰る決心をします。言わば「底打ち」状態となったのです。

彼は、帰った時に父親にどう言うかと豚小屋で練習を始めます。

「そこで彼は本心に立ちかえって言った、『父のところには食物のあり余っている雇人が大ぜいいるのに、わたしはここで飢えて死のうとしている。立って、父のところへ帰って、こう言おう、父よ、わたしは天に対しても、あなたにむかっても、罪を犯しました。もう、あなたのむすこと呼ばれる資格はありません。どうぞ、雇人のひとり同様にしてください』」。

（ルカによる福音書一五章一七―一九節）

「本心に立ちかえった」という表現は、ルカによる福音書の特徴を示していると思います。「ルカ福音書の神学」と言いますか、ルカが重視した信仰は「悔い改め」です。「本心に立ちかえる」ということは悔い改めたことを示唆していると思います。

たとえば九九匹と一匹の羊の譬えを見ますと、マタイによる福音書は「もしそれを見つけたなら、よく聞きなさい、迷わないでいる九十九匹のためよりも、むしろその一匹のために喜ぶであろう。

そのように、これらの小さい者のひとりが滅びることは、天にいますあなたがたの父のみこころではない」（マタイによる福音書一八章一三―一四節）と書いています。マタイによる福音書は、「小さい者のひとりが滅びること」を問題にしていますが、ルカによる福音書では次のようになっています。「家に帰ってきて友人や隣り人を呼び集め、『わたしと一緒に喜んでください。いなくなった羊を見つけましたから』と言うであろう。よく聞きなさい。それと同じように、罪人がひとりでも悔い改めるなら、悔改めを必要としない九十九人の正しい人のためにもまさる大きいよろこびが、天にあるであろう」（ルカによる福音書一五章六―七節）。ルカは罪人が悔い改めた物語として九九匹と一匹の羊の話を捉えています。弟が「本心に立ちかえった」ことはルカによる福音書のテーマだと言えます。

弟は反省したのです。まあ反省してもらわないと困るわけですが。やらかした後で反省するくらいなら最初からするなと言いたいところです。ですが、これが人間です。彼は「俺には資格がない」と言いながら家路につきました。

一方お父さんは、息子が出て行って以来夕方になると門口に立って息子の帰りを待ち続けていたわけです。ある日の夕方、つづら折りの道を小さな影がふらふらと近づいてきます。「息子だ」と父親は走り寄ります。よく見ると犬でした。キャンキャンキャン。がっくり肩を落とす父親。そんな日が何日も続きました。

しかし、ついにその日は来たのです。「どうせ犬だ」と思いながら眺めているとだんだんと影が大きくなってきます。「間違いない、人だ」。父親は駆け寄ります。レンブラントの作品に『放蕩息子の帰郷』があります。あの絵には髪が抜けボロボロになった息子の姿が描かれています。しかし、父親にはそんなことは問題ではありませんでした。父は、まだ遠く離れていたのに息子を見つけ、あわれに思って走り寄って首を抱いて接吻します。

これはすごい場面です。私は長くホームレスの現場に関わってきましたから、お風呂に入れない人、特に若い人がどれだけ臭いか知っています。この息子は、貧しさゆえ、お風呂も着替えもままならなかったはずです。ましてや直前まで豚小屋で働いていた。これは相当な状態です。私もそういう状況の人に何度もお風呂に入ってもらいましたが、臭いが目にしみるレベルという感じです。だからお父さんはすごい。首を抱きしめ接吻《せっぷん》したのですから。よほどうれしかったのでしょう。

息子はその父親の接吻を受け入れつつも、さすがにこれではまずいと思ったようです。お父さんを押しとどめ、練習したあの反省の辞、悔い改めを表明します。「お父さん、僕は、天に対しても、父さんに対しても、罪を犯しました。ほんとうにごめんなさい。僕は息子と呼ばれる資格がありません。雇人に……」と言いかけたところで、父親は息子の言葉を遮《さえぎ》ります。

父親は何と言ったのでしょうか。「そうか、そうか。悔い改めたのなら今回だけは大目に見てやろう」と言ったでしょうか。違います。そうではなく、父は次のように宣言するのです。

「最高の着物を持って来なさい。指輪もいるぞ。履物も。今日は肥えた子牛をほふろう。バーベキュー大会だ。お祝いだ。わしはメチャクチャにうれしい」と。なぜ父親はそんなことが言えたのでしょうか。その理由は何でしょうか。それは「死んでいた息子が生き返った、いなくなっていた息子が見つかった」からです。それが父親にとってすべてでした。

放蕩息子の帰郷とそれを受け入れる父親の深い愛。とても感動的な場面です。しかし、何が感動的なのでしょうか。この譬え話で、父親は神を、息子は人間を表しています。人間がついに悔い改め、神のもとに戻ってくる。そのことが感動的なのでしょうか。そもそも、ルカはそういうことに関心があったと思います。どんなに道を踏み外しても私たちは神のもとに戻れる。そして神はそれを受け入れる。そんな希望が描かれているから感動的なのでしょうか。確かにそうです。

しかし、私がこの場面で何よりも感動するのは、この二人の会話が全くかみ合っていないという点です。このひどい「ズレ方」が実にすばらしい。息子は自分の過ちを認めて反省し、悔い改めます。そして「自分には資格がない」と言うのです。バカ息子が悔い改めた。これ自体奇跡的です。普通ならば「これだけ悔い改めたのだから赦してやろう」という場面です。それこそルカによる福音書が強調したい信仰的事柄だと思います。

しかし、父親は、息子の悔い改めを無視するかのように一方的に宣言します。「死んでいたのに生き返った。いなくなっていたのに見つかった」と。つまり、「生きていた」ということを絶対的に喜んでいるのです。「資格がある」とか「資格がない」とか、「悔い改めた」とか、そんなことは関係ない。「生きていた」つまり「いのち」を父親は喜んだのです。資格といのち。この両者の大きな食い違い、ズレが、この話の肝であり、私はそのことに深く感動を覚えます。

このズレこそが「放蕩息子の帰郷」において最も重要な事柄だと思います。資格を自らに問うた息子にいのちで応える父親。愛するというのは、どういうことなのかが示されます。「悔い改めることができたから」とか、「反省できたから」ということと、愛することは関係ない。資格など愛の前では取るに足らない。「あの子が生きていた」ことに意味があるのです。「あの子が見つかった」ことがうれしいのです。それが何ものにも代えがたい喜びでした。

## 4　おわりに――ポストコロナを生きるために

私たちは、この間「生きる意味があるか」と問われてきました。「資格があるか」と他人を問い、自らもふるいにかけたのです。その結果「役に立つ」人を大切にし「役に立たない」とみなされた人を排除する社会が出現しました。このゆがんだ価値観のまま「放蕩息子」を読むと、息子が悔い改めたから赦されたという「条件付きの赦し」で終わります。息子が考えたように「資格があるか」を基準に考える、それがコロナ以前の思考です。

しかし、ポストコロナはそうはならない。いや、オルタナティブな、そうではない世界を作らねばならないと思います。私たちは、コロナ状況の中で「なくてならぬ、ただ一つのこと」に方向転換（悔い改め）させられたのです。会社に行くよりもいのちを選ぶ、学校よりもいのちが大事。それを公然と言える世界。それが「いのち優先」の世界です。

父親は資格を問わない。全くおかまいなしです。なぜなら父は息子を愛しており、それゆえに息子がどうであれ生きていたことが大事だったからです。愛にはいのちという普遍的根拠がなければいけません。「愛される理由」や「愛される資格」を私たちは気にします。しかし、神の愛の前では、そういうことはどうでもよいことなのです。「この子が生きている」、「あなたが生きている」、それが何より大事なのです。いのちこそ、愛の本質です。いのちよりも大事なものがあるかのように考えること自体、愛ではありません。ほんとうの愛はいのちという普遍性を有しているがゆえに揺るがない。「生きていた」。それが何よりもうれしいと感じられる。それが愛ということです。愛とは、かけがえのない「あなた」が生きているということに対する、絶対的な肯定なのです。

世間は言うでしょう。特に今のような時代においては。「こんな奴はダメ息子だ。資格はない」と。さらに深刻なのは本人が「資格がない」と自らを断罪することです。

しかし、父は「そうかもしれない、だが、そんなことは関係ない。あの子が生きていたことに意味があるのだ」と言います。息子は「私のことなどもう信用できないでしょうね」と言うしかない。しかし、父親はほほ笑みながら言うのです。

「『資格がない』とお前は言う。確かにそうかもしれない。そうかもしれないが息子よ、私はそんなことはどうでもよいのだ。そんなことよりもなくてはならないただ一つ、そのただ一つのものを失わなかったことが重要なのだ。お前が生きていたこと。もう一度会えたこと。それで十分なのだ。お前のいのちが現にある。それでいいのだ、それだけで。これって何か問題あるかね」と父親は息子を抱きしめたのです。

父親は少々不安だったと思います。「この子、今は反省しているが、またやるだろうな」と。しかし、あの日の父親はそれを「どうでもいいことだ」と知っていました。どんな不安も息子を愛する気持ちを覆す力を持ち合わせてはいません。死んだと思っていた息子が生きており、失ったと思っていた息子を見出せたのです。

先に触れた通り、ルカによる福音書は悔い改めを重視します。息子は「本心に立ち返り」、すなわち悔い改めて帰郷します。しかし、この物語の醍醐味は、この息子の悔い改めを完全に無視するかのように父親が息子を抱きしめたことにあります。この「ちぐはぐさ」がすごいわけです。この譬え話はルカによる福音書にしか出てきません。にもかかわらず、この譬え話の結論が、「悔い改めたから受け入れられた」というルカが本来言いたかったことではなく、「生きていた、見つかった」であることに私は感動を覚えます。これはルカによる福音書がルカによる福音書を超えた記事だと私は思います。

私には、資格を気にする息子がやまゆり園事件の被告の青年と重なります。彼は「役に立たない」と見なした人を殺しました。そして、それを実行することで「自分が役に立っている」と言いたかったのです。これに対して父なる神は「生きていることに意味がある」と反論された。この「ちぐはぐ」は、コロナ以前とコロナ後の対話のように思えます。コロナは、私たちがどこかで忘れてしまったいのちや「生きているという事実」に今立ち返るチャンスなのだと思います。

聖書は、すべての人間は罪人だ、義人はひとりもいないと言います。つまり全員、「資格は失格」なのです。そうなると、そもそも資格を問うこと自体を悔い改めなければなりません。放蕩息子の譬えは「資格がない人、役に立たない人は死ね」と真顔で言う今日の社会のゆがみを正すものです。なくてならぬただ一つのことが問われています。ポストコロナを生きるために、私たちはこの問いの答えを探し続けなければならないと思います。

祈ります。

# 12　隠れたる神――神無き世を生きるために

二〇二〇年六月二八日

イザヤ書四五章一五節
イスラエルの神、救主よ、まことに、あなたは
ご自分を隠しておられる神である。

## 1　はじめに――混乱

おはようございます。六月も最後の週になりました。オンラインで礼拝参加の皆さんもおはようございます。

WHOが六月二七日に再び警告を発しました。「第二波が世界的に発生すると、百万人、数百万人規模の死者が出るような事態も起こり得る」とのことです。過去のスペイン風邪と呼ばれたA型インフルエンザでは、夏に感染がいったん落ち着いて秋から第二波が始まりました。一九一八年から一九二〇年の三年間で二千万人から四千万人が亡くなったと言われています。当時とは違い、今は医療技術も進んでいますから、こんなことにはならないと思いますが、不安が尽きないのも事実です。

さらに経済の停滞が今後どのような影響を及ぼすかも心配です。雇い止めや派遣切り、仕事や家

を失う人が増えると思います。NPO法人抱樸《ほうぼく》では、現在クラウドファンディングを実施しています。「家から支えよう」を掛け声にして、空き家を活用した「支援付きのアパート」を全国一〇都市のNPOと連携し準備します。目標は一億円。残り一か月を切りました。

さらに、信仰者としてこの事態をどう捉えればよいのかということも大きな問題です。このような困難な状況、しかも自然災害である感染症の蔓延という事態で多くの人がいのちを落としています。神はどこにおられるのか。神は何をされているのか。その答えが見つからない。このことも大きな問題なのです。

聖書には「神は愛なり」（ヨハネの第一の手紙四章一六節）と書かれています。にもかかわらず、多くの人が苦しみ死んでいく。なぜ愛の神は黙って見ておられるのか。神はどこにおられるのか。神は何をされているのか。キリスト教徒に限らず、多くの宗教者がこの問いの前に立ち尽くしています。最近は「神様なんか当てにならない」とばかり、アマビエという妖怪に期待している状態です。アマビエは江戸時代に肥後の国、今の熊本県の海に現れて「疫病が流行ったら自分の絵をあちこちに貼りなさい」と言ったそうです。その風貌は、髪の毛は長く――ちょっと腹立ちます――全身はウロコに覆われていて、口は鳥、目は星って「どんなんなん」って思うでしょう。ともかく妖怪の絵を張っとくと効くらしい。先日、厚生労働省ホームページのアイコンがアマビエになっていたので笑ってしまいました。感染対策の要である厚労省も妖怪頼みかと思いましたが、気持ちは少し分かります。何かに祈りたい。多くの人がそう思っている。信仰者にとって神の沈黙は難問なのです。

宗教者の反応も様々です。一つは「これは神の裁きだ。神の怒りだ」というもの。人間の悪行を正すために罰《ばち》を当てたという理解です。ある宗教者は、「このたびの新型コロナウイルス禍は、この自然界・地球・大宇宙を冒瀆し、破壊している人間世界に対する、神仏の怒りが背景にあります。（中略）人間の身勝手な所業に、宇宙そのものである神仏が怒りを表しているのではないかということであります。その『天の怒り』を鎮めることが、疫病の蔓延を止め、自然災害を少なくしていくのだと痛感しています」と言われています。

内村鑑三が一九二三年の関東大震災を「神の裁き」と捉えたことは有名です。彼は、関東大震災は神の最後の審判の予兆だといいました。また、その弟子である藤井武は『聖書より見たる日本』（一九二九年）の中で、キリストの嘆いたエルサレムと日本に蔓延する道徳的腐敗に共通点を見出し、大震災を神の裁き、終末の予兆だとしました。

新型コロナ感染症は、自然破壊によって自然と人間の境がなくなり、自然界にいたウイルスが人間の世界に入ってきたことで起こったとも言われています。そういう人間の傲慢なあり方を反省することは大事です。藤井が指摘したように、日本に道徳的腐敗が蔓延していることは現在の権力者のあり方を見ても明らかです。

かと言って、コロナ禍を人間に対する神仏の怒りと解釈するのはどうかと思います。そうならば、人間全員が滅ぼされてもいいはずですが、実際はコロナによる感染で亡くなる方とそうでない方がいます。「なぜあの人が死んだのだ」という問いの答えは見当たりません。そもそも、道を誤った人間を正そうとして神がこの災いを下されたのでしょうか。皆さんはどう考えますか。コロナで死んだ人は神様が殺したということなのでしょうか。生き残った人がまともになるために必要な犠牲だということなのでしょうか。コロナで死んだ人にとっては、「それはたまらん」ということになるのではないか。正直私のような信仰の弱い者は「そんな神様ならいらない」と考えてしまうわけです。幸いなことに、私はさらに弱かったので信仰を捨てることさえできず、宙ぶらりんのままキリスト者をしています。なぜ神は私たちを救わないのか。この過酷な現実の中で神はどこにおられるのか。多くの宗教者や信仰者は、このような答えのない問いの中で混乱しています。答えがない現実に混乱し、不安を募らせているのです。

この不安はどこから来るのでしょうか。それは私たちの持つ神のイメージから来るのだと思います。私たちは「救い」、「愛」、「希望」、そして「問題解決者」として神を捉えています。そういう神様を信じているから大丈夫だと思っている。もし救われないのなら「もはや神などいない」という事実を証明することになってしまうと考えているから不安になるのです。私たちが持っている「神のイメージ」と、目の前で起こっている現実との間に大きな乖離《かいり》があるのは事実です。

## 2 「神はどこにおられるのか」——一八歳、釜ヶ崎

多くの人が「神はどこにおられるのか」とつぶやいています。実は、私もこれをつぶやき続けた日々がありました。私は高校卒業後、関西学院大学神学部に入学しました。国立大学の教育学部を目指していましたが受かりませんでした。牧師になりたかったわけではなく、高校のクラスの隣の席に座っていた野間君が関学を受験するというので、彼が使わなかった、つまり残り物の願書をも

らったわけです。それが神学部でした。結果的に、それで牧師になりました。これは神の導きではなく、野間君のおかげです。皆さん、そんな牧師で本当に申しわけない。

だから入学してから苦労しました。「献身」に燃え、祈って入学してきたまじめな神学生の中に、私のような不真面目な人がいるわけです。「神様に導かれて入学しました」とか「神様の声を聴いて」とか証しする学生に圧倒されました。まさか「野間君に導かれて」とは言えず困った日々を過ごしていました。

望んで入学したわけではないので、おもしろくない。五月には退学を考えるようになっていました。そこに現れたのが吉高叶《よしたかかのう》先生。僕の恩師です。「奥田君、ちょっとご飯食べに行こうか」と誘われて、電車をいくつも乗り継いで着いたところが、大阪の西成区釜ヶ崎という日雇い労働者の街でした。私は何不自由なく幸せな家庭で育ちました。数年前に召された父は、シベリヤ抑留から帰還した後、大学に行き、高度経済成長期のサラリーマンとして働きました。関西学院大学という決して学費が安くない学校に入れたのもあの家に育ったからです。

当時私がこの国や社会にもっていた印象は、「豊かで、平和で、平等な、いい国」というものでした。しかし、釜ヶ崎と出会ってそれが崩れていきます。路上に眠る大勢の人々。毎年、数百人が路上で亡くなっていくにもかかわらずニュースにもならない。一八歳の私は大きなショックを受けました。

それから釜ヶ崎に通うようになり、日雇労働者の現実や歴史を知るようになります。寄せ場とは日雇い労働者をストックするために人工的に作られた街です。日雇労働者は「景気の安全弁」とも言われ、仕事がある時には雇われますが、景気が悪くなると一番に切り捨てられる存在です。そういう都合のいい労働者をうまく使ってこの国は経済成長を遂げたのです。最初の日に私が目にした人々は、仕事に就けずに路上で暮らさざるを得ない人々だったのです。

釜ヶ崎が大きくなったのは一九七〇年の大阪万博の頃でした。その工事を引き受けていた会社で経理をしていたのが父親でした。私の何不自由ない暮らしは、父の働きと共に、釜ヶ崎の労働者の働きがあったからでした。私にとって釜ヶ崎との出会いは「自分の出自」との出会いでもありました。

八〇年代初頭は、オイルショック後、再び景気が上がってきた頃です。その後、時代はバブル、バブル崩壊へと向かいました。「あいりんセンター」という大きな建物の軒下に何百人もの人が毎晩泊まりに来られます。アスファルトの上にブルーシートを敷いて布団を並べ、二人一組で寝てもらう。現在の釜ヶ崎にはシェルターが建設されていますが、当時は何もありませんでした。そしてあの頃の冬はとても寒かった。みんな服を着たまま、靴を履いたまま布団に入ります。

翌朝五時に皆を起こして回ったのですが、起きて来ない方がいました。二人組のもう一人の方は、すでに仕事に出かけられたようです。「おじさん、おじさん」と声をかけますが反応がありません。よく見ると息をされていない。亡くなっていました。布団の中の身体はまだ温かく、眠っておられるようでした。救急隊員が首を横に振った時も、私は事態が呑み込めずただ茫然としていました。名前も分からない、故郷も家族も分からない。この社会は一体どうなっているんだ。私の知っていた豊かな日本はどこにいったのだと、誰にともなく問うていました。

冬の雨が一番危険です。雪だったら払い落とせます。雨は服も体もすべて濡らします。そして深夜になり気温が下がり始めると生命にかかわる事態となります。「公園で倒れている人がいる」との知らせを受けるとリヤカーを引いて公園に向かいます。公園の隅っこが水たまりになっていて、その中で倒れている人がいました。寒さをこらえるためにお酒を飲んでそのまま眠ったところに雨が降り出したのです。すでに意識もなく、身体は寒さで固まっていました。息があることを確認して、皆でリヤカーに載せようと抱え上げます。すると体中から水がしたたり落ちる。公園の水銀灯に照らされてそのしずくが不気味に光っていました。一八歳の私は、そんな風景を戸惑いながら見つめていました。滋賀の田舎の恵まれた家庭に育った私には信じられない光景でした。豊かで平和な日本はどこにいったんだ。答えのない問いだけが私の中を巡っていました。

## 3　神はどこだ——ヴィーゼルの問い

信仰の問題も深刻でした。私は中学二年生でバプテスマを受けてクリスチャンになっていました。通っていた教会では、「お祈りをしたら神様はきっとかなえてくださる」と教えられ、私は素直に育っていきました。純朴だった奥田青年でしたが、釜ヶ崎の現実は教会の教えにはそぐわないものばかりでした。くる日もくる日も人が死ぬ。その現実において祈ることへの懐疑が生まれます。「祈ってどうなる」。そんな思いが心の底に重く溜まっていきました。

日本社会に対する懐疑、そして神への懐疑。一八歳で釜ヶ崎と出会って以降、私の中にはこの二つの懐疑が常に存在しています。

「神はどこにおられるのか。神がおられるのなら、なぜこのようなことを放置されるのか」。私は、自分の信仰が揺らいでいくのを感じていました。ただ、不思議なことに教会には行き続けていました。「信仰なんか捨ててやる」とは言えない弱気が幸いしていたのでした。「逃げ遅れ傾向」は、このころからあったのです。お断りする勇気がないという性格に助けられたのでした。

私は、それまで教会の中では優等生でした。中学時代から教会学校の先生をし、礼拝では一番前の席で牧師の話を熱心に聴く子どもでした。しかし、釜ヶ崎に行った頃からだんだんと座る席が後ろに下がり始めます。遂に一番後ろの窓際になりました。牧師の説教中、窓の外を見ながら「また、そんなきれいごとを言って。釜ヶ崎で祈ってから言ってほしい」と傲慢なことを考えていました。

釜ヶ崎と出会って二年、私は絶望しながらも、どこかで探し続けていたのかもしれません。神様を。

ある日、神学部の授業で指導教授から読むように言われたのが、ユダヤ人作家のエリ・ヴィーゼルが書いた『夜』でした。ヴィーゼルは、アウシュヴィッツ強制収容所に送られ、母親と妹はガス室で殺されました。父親も強制労働の果てに亡くなります。ヴィーゼル自身は、アウシュヴィッツを生き延び、その体験をもとに小説を書きました。それが『夜』です。「神はどこにおられるのか」との問いの中で苦しんでいた私にとって、この小説は大きな示唆を与えてくれました。

一部を紹介します。ある日抵抗勢力によって発電所が破壊される事件が起こります。犯人への見せしめのため三人のユダヤ人収容者が処刑されることになりました。その内の一人は子どもでした。以下は、本文の抜粋です。

ある日、私たちは作業から戻ってきたときに、三羽の黒い鳥のごとく、点呼広場に三本の絞首台が立っているのを見た。点呼。私たちのまわりには、機関銃の銃先を向けた親衛隊員――伝統的儀式。縛り上げられた三人の死刑囚――そして彼らの中に、あの幼いピーペル、悲しい目をした天使。

親衛隊員は、いつもより気がかりで、不安を覚えているように見受けられた。何千名もの見物人の前で男の子を絞首刑にするのは些細な仕事ではなかった。収容所長は判決文を読み上げた。すべての目が子どもに注がれていた。彼は血の毛がなく、ほとんど落ち着いており、唇を噛みしめていた。処刑台の影が彼を覆いかくしていた。

今度は、ラーゲルカポは死刑執行人の役を果たすことを拒否した。三人の親衛隊員が彼に代わった。三人の死刑囚は、いっしょにそれぞれの椅子にのぼった。三人の首は同時に絞索の輪のなかに入れられた。

「自由万歳」と二人の大人は叫んだ。

子どもはというと、黙っていた。

「神様はどこだ、どこにおられるのだ。」私のうしろでだれかがそう尋ねた。

収容所長の合図で三つの椅子が倒された。

全収容所内に絶対の沈黙。地平線には、太陽が沈みかけていた。

子どもが処刑されるという地獄のような現実の中、誰かが問うのです。「神はどこだ。どこにおられるのだ」。ヴィーゼルはここで神を問うた。私たちもまた、この問いをコロナ禍の状況において今、問うています。答えを見出せないまま多くの人々がうずくまっています。その時、「それは神の戒めだ」と言われたら余計しんどくなる。それ以外の答えが私には必要でした。

あの日の私も答えを求めていたと思います。大学三年生になった時、私は牧師になることを決断しました。出身教会を離れ、日本バプテスト連盟に移籍することになりました。育ててくださった先生たちには申しわけない思いでしたが、私の思いを伝えると皆さんが祈って送り出してくださいました。答えが見つからないまま牧師の道を選んだのは信仰を捨てる勇気が無かったからですが、もう一つ理由がありました。それは「こんな釜ヶ崎のようなひどい現実があるにもかかわらず神がいないということでは困る」ということでした。神様にはいていただかないと困る。これが牧師になったもう一つの理由でした。牧師になって神様を探そう。神様の片鱗でも見つけられたらみんなで喜ぼう。神様の存在を確信したからでもなく、神様のことが分かったからでもない。東八幡キリスト教会の皆さんにはこんな牧師で本当に申しわけありません。

小説『夜』は、その後どうなったのか。

「脱帽!」と収容所長がどなった。その声は嗄れていた。私たちはというと涙を流していた。

「着帽!」

ついで行進が始まった。二人の大人はもう生きてはいなかった。腫れあがり、蒼みがかって、彼らの舌はだらりと垂れていた。しかし、三番目の綱はじっとしてはいなかった——子どもはごく軽いので、まだ生きていたのである……。

三十分あまりというもの、彼は私たちの目のもとで臨終の苦しみを続けながら、そのようにして生と死との間で闘っていたのである。そして私たちは、彼をまっこうからみつめねばならなかった。私が彼のまえを通ったとき、彼はまだ生きていた。彼の舌はまだ赤く、彼の目はまだ生気が消えていなかった。

私のうしろで、さっきと同じ男が尋ねるのが聞こえた。

「いったい、神はどこにおられるのだ。」

そして、私は、私の心のなかで、ある声がその男にこう答えているのを感じた。

「どこだって。ここにおられる――ここに、この絞首台に吊るされておられる……。」


「ここに、この絞首台に吊るされておられる」。「神はどこだ」と探していた当時の私にはこの一言が閃光のように心を貫《つらぬ》きました。私にとっては、どこに神を見出すのかという問いに対する答えとして、以来この言葉は心の中に常にあります。

ヴィーゼルが地獄のような現実を前に「神などいない」と言ったとしても、彼を責めることは誰にもできなかったと思います。ある意味、それは当然です。しかし、彼はぎりぎり指一本残したのです。「神はおられる。あの子どもと一緒に吊るされておられる」と。絶望のどん底に神を見出す。ホームレス支援の現場で聖書を読むという、その後のあり方が定まりました。

ヴィーゼルはユダヤ人作家です。ですから、彼の神観はユダヤ教のものだと言えます。たとえば、イザヤ書五三章の「苦難の僕」などに通じるものです。「苦難の僕」がキリストの予型として解釈されるように、ヴィーゼルの視点はキリスト教信仰にも通底するものだと思います。それをキリスト教は「十字架の神学」と言ってきました。

## 4　十字架の神――どうして私を見捨てたのか

以下は、マルコによる福音書一五章のイエスの最期の場面です。

昼の十二時になると、全地は暗くなって、三時に及んだ。そして三時に、イエスは大声で、「エロイ、エロイ、ラマ、サバクタニ」と叫ばれた。それは「わが神、わが神、どうしてわたしをお見捨てになったのですか」という意味である。（中略）イエスは声高く叫んで、ついに息をひきとられた。

（一五章三三―三四、三七節）

最初にヴィーゼルを読んだ時、心に浮かんだのがこの箇所でした。「わが神、わが神、どうしてわたしをお見捨てになったのですか」。これは私たちが絶望の日に口にする嘆きです。これに対する答えがないという現実は、苦難そのもの以上にきつい。しかし、聖書はこの問いに答えていたのだと、ヴィーゼルを読んで私は考えました。「どうしてわたしをお見捨てになったのですか」と問うたのは誰かということです。それは、イエス・キリストその人でした。つまり、神の子が問うている。これは、「どうして」と問わざるを得ない現実のただ中に、神がおられたことを意味します。

ヴィーゼルの「ここに、この絞首台に吊るされておられる」そのものです。「神はどこにいった」と言わざるを得ない現実のただ中に神はおられた。ユダヤ教徒のヴィーゼルも、そして新約聖書もそれを指示していたのです。

神なき現実に神がおられる。だからどんなことがあっても「神などいない」と断言することには慎重でありたいと思います。

マルコによる福音書は、あの後こう書いています（三七、三九節）。

イエスは声高く叫んで、ついに息をひきとられた。イエスにむかって立っていた百卒長は、このようにして息をひきとられたのを見て言った、「まことに、この人は神の子であった」。

イエスを殺した兵隊の隊長は、あの悲惨の中に神を見ます。となれば、私たちは、どんな状況に置かれても、たとえ「神はどこだ」と問うたとしても「神などいない」とは言えないのではないか。その「神不在」の現実にこそ神を見出すことができる。私流に言うならば、そうでなくては困るわけです。

コロナ禍という苦難のただ中で「神はどこだ」「神は何をされているのだ」と私たちは問うています。しかし、この「なぜだ」と言わざるを得ない現実に神を見出せるとするならば、私たちがとっくにあきらめたその所、つまり十字架（苦難と悲惨）の現実に神はおられるのです。そして神が愛であり希望であるならば、絶望のただ中に愛と希望は存在することになります。

## 5　おわりに——隠れたる神

イザヤ書の言葉です。これは宗教改革者のマルチン・ルターが大切にした箇所でもあります。

イスラエルの神、救主よ、まことに、あなたは
ご自分を隠しておられる神である。　　（四五章一五節）

神はご自身を隠す神だと聖書は言います。見つからないのは当然です。聖書の神は「隠れたる神」だからです。では「隠れている」とはどういうことなのでしょうか。それは、神が隠れておられるというよりも、私たちが聖書の神とは真逆の現実の中に神を見ようとしている、ということだと思います。だから私たちには神は「隠れている」ように見える。

私たちは、私たちにとって「良いこと」や「栄光」の中に神を見出そうとしてきました。「良い出来事」が神がおられる証拠だと私たちは考えてきました。そういうことはなくはないし、いや、むしろあってほしい。たとえば美しく神々しい大自然に神を感じることもあります。

ですが、聖書の神は、それほど分かりやすくはない。「良いこと」の中に神を見出そうとする私たちは、「悪いこと」が起こると「神はどこだ」と問い始めます。しかし聖書の神は、到底神など見出すことができない現実のただ中に、つまり十字架に自らを顕現させられた神です。だから、私たちには「隠れておられる」としか言いようがないのです。このような捉え方が最も深い信仰の認

識だと私は思います。現在のような先の見えない時代においてはこのような信仰が必要です。光の中、幸福の中に神の臨在を見るだけでは「安価な恵み」に留まることになります。大切なのは神なき世界に神を見ることです。直接「光を」ではなく、「闇の中に光を」見出すのです。十字架に神を見る。それは「高価な恵み」だと言えます。

先に紹介したルターは「隠れたる神」を神学の主題としていました。「詩編講解」や「ロマ書講解」でルターは「隠れたる神」を語ります。

神は、ご自分の愛を私たちに示そうとされるときに、私たちにとってそれは到底愛とはいえないような姿をもってお示しになる。

神は、到底愛とは言えないやり方で愛を示される。であるなら簡単に気づけるはずがありません。こういう神の顕現の仕方をルターは、「逆の相」あるいは「矛盾する様相」と表現しています。つまり、神は私たちの考える形とは「反対の形」をもって私たちのもとに来られると、ルターは言うのです。本当に大切なものは隠されており、私たちの想定とは「反対の形」をもって示されると言うのです。

ルターは、こんなことも言っています。

われわれにとってよいものは隠されており、また、深遠なものであるからこそ逆の相の下に隠されているのである。このようにわれわれの生は死の下に、われわれの愛はわれわれの憎しみの下に、誉れは恥の下に、救いは滅びの下に、支配は追放の下に、天は陰府の下に、知恵は愚かさの下に、義は罪の下に、力は弱さの下に隠されている。

（『ルター著作集』第二集第九巻「ローマ書講解下」リトン、一八〇頁）

この隠されたものをいかに見出すか。その営みが信仰です。隠されているだけですから、「ない」とか「いない」とは簡単には言えない。私たちが「価値がない」、「希望がない」、「いのちがない」と思っていたその場所に価値が、希望が、そしていのちが隠されている。そうなると人生は宝探しのようなものだと言えます。

苦難のただ中に神を見出していく。これが深い信仰です。そういう信仰を身に着けたいと私は常々思っていますが正直なかなかです。単純で直接的なご利益宗教ではなく、これは神が与えた試練なのだと無理やり納得させようとする弁神論的な信仰でもない。私たちは十字架に神を、隠れたる神を見出すのです。

「神はどこにおられるのか」との嘆きが人生から消えることはないでしょう。私たちは「どうして私を見捨てたのですか」と嘆くしかない。けれども早々に「神などいない」とは言わない。「神など信用しない」と軽口をたたかない。そもそも神はいてもらわないと困るのですから。

十字架が神の場所であるなら根気強くそこに留まり、神を探そうと思います。「反対のかたち」を探してみようと思います。私は、神探しの旅に出て四〇年になります。時々ですが「神様いはるなあ」と思う時があります。その時には、みんなで一緒に喜ぶわけです。さらに、見つけた人が教えてくれます。「あそこに隠れておられたよ」と。すると「やっぱりそうか」と皆で喜ぶ。でもそれが保《も》つのは三日ぐらいかな。すぐに「やっぱりいないかも」と思い始める。するとまた探す。それを延々と繰り返していくのがキリストの教会だと思います。だから教会は、生きた教会なのです。

伝道とは、一緒に神様を探すことです。知ったかぶりして教えてあげるのではなく、一緒になって神様を探し、見つけたら一緒に喜ぶ。それが伝道です。探す人が信仰者です。あきらめないで探し続ける人がコロナの時代には必要なのです。

神様は、ご自身を隠されることによって、人に求める心を授けられます。「求めなさい。与えられます。探しなさい。見つかります」（マタイによる福音書七章七節）と今日も私たちを励ましてくれています。神様を見つけましょう。もし見つけたら、自分だけのものにしないでその喜びを分かち合いましょう。分かち合うために教会は存在するのです。「いたよ、いたよ。ここにおられた。やっぱり神様、ちゃんと生きておられた」。そういうことを「屋根の上で言いひろめよ」（マタイによる福音書一〇章二七節）とイエスはおっしゃいました。

さて、今日も神様を探しに行こうと思いますが、あなたも一緒に行きませんか。

祈ります。

# 13　イエスはアホや――ポストコロナ社会の風景

二〇二〇年七月一二日

マルコによる福音書八章三四節

それから群衆を弟子たちと一緒に呼び寄せて、彼らに言われた、「だれでもわたしについてきたいと思うなら、自分を捨て、自分の十字架を負うて、わたしに従ってきなさい」。

## 1　はじめに

皆さん、おはようございます。オンラインでご参加の皆さんもおはようございます。

今日は、「イエスはアホや」という話をします。イエス様のことを「アホ」とは何事かと叱られそうな題名ですが、「イエスは本当にアホや」と私は思います。みんな「賢く」なり過ぎた現代社会において、イエスという「アホ」は何をお示しになったのかを今日は考えたいと思います。

イエスは弟子たちにこう言われました。

それから群衆を弟子たちと一緒に呼び寄せて、彼らに言われた、「だれでもわたしについてきたいと思うなら、自分を捨て、自分の十字架を負うて、わたしに従ってきなさい」。

（マルコによる福音書八章三四節）

これはどういう意味なのでしょうか。「自分の十字架を負って」は「自己責任論」と取られかねない一言です。イエスはそういうことを言いたかったのでしょうか。そもそも、イエスが「自己責任」と言われたら普通すぎて面白くない。私たちの周りにはこの言葉が日々溢れており、もう、うんざりという感じだからです。

「コロナの時代に聖書を読む」ということで毎週お話をしてきましたが、その六回目、五月一七日に「ユダよ、帰れ」という話をしました。ユダはイエスの弟子でしたが、イエスを裏切ってしまいます。しかし、イエスが処刑されると知り、彼なりに反省するのです。彼は「私は罪のない人の血を流すようなことをして罪を犯した」と告白しました。そのうえ、ユダはイエスを殺した権力者の前で反省してしまう。すると「われわれの知ったことか。自分で始末しろ。それはお前の問題だ」と言われてしまい、ユダは自ら死を選んでしまいました。「お前の問題だ」という言葉は、時に人を殺します。

確かに人は自分の人生を生きているわけですから、自分で選択し、自分でその責任を果たすことは大事です。しかし「自己責任論」は、それを理由に周囲（社会）が助けない「いいわけ」として使われているのが現実です。その結果、社会は無責任になりました。世界中がそう言っているわけですから、イエスだけはそういうことを言わないでほしい。そう思います。

となると「自分の十字架を負って私に従ってきなさい」というのは何を意味するのか。今日は、それを一緒に考えたいと思います。

## 2　もう一つの感染症──「自分病」

コロナ感染が再び広がっています。「クラスター」はもともと集団という意味ですが、コロナの状況下では「集団感染」を意味します。しかし、最近は感染経路不明が多い。どうも市中感染が始まっていて追跡ができないらしいです。検査体制も整わず、対策が後手に回る。無症状の人も多くいると言われています。重症化する人が増えたら医療体制が崩壊します。そこに最近の豪雨災害が重なり、本当に大変な状況になってきています。「神様クソったれ」と言いたい気分です。これは六月七日にお話ししました。「もう一つの信仰告白として、戸に鍵をかけ、本音で『神様クソったれ』と神に文句を言おう。そんな祈りがあってもいいとイエスは考えていた」という話でした。今日の「アホ」にならぶ不遜な話です。

そういう現状を踏まえ、ポストコロナはどんな世界かを考えたいと思います。それを一言で言うと「アホみたいな世界」です。これまでの「賢い世界」ではなく「アホみたいな世界」。世界中が「アホちゃうか」と馬鹿にしてきたことが価値づけられる、そんな世界。コロナ前の世界とは違う基準で人も社会も経済も動く世界です。

この間、ああそうか、そうだったのか、と考えさせられることがありました。それは、急速な世界規模の感染拡大は「世界が二メートル以内の人と人とのつながりで構成されていた」という事実を証明したことでした。このウイルスは飛沫で感染します。二メートル以内で人から人へ感染する。グローバル経済と言いますが、グローバルにつながっていたのはお金だけではなく人だった。私はこの事実に実はホッとしたのでした。このことは六月二一日の宣教「資格は失格」の中でも触れています。

世界はもともと濃厚接触状態だった。しかし問題は、にもかかわらず人は孤立していたということです。英国では二〇一八年に「孤独担当大臣」が任命されましたし、ＯＥＣＤ（経済協力開発機構）の二〇〇五年の調査では、先進国で日本の孤立率は最悪で、米国の五倍に達しています。しかも孤立は、荒野にポツンとひとりいる状態ではなく、唾が飛んでくるような濃厚接触状態であるにもかかわらず孤立しているということです。人がいるのに誰も関わってくれない。現在の孤立の深刻さはここにあります。コロナは、そのような矛盾する世界の現実をあぶり出したのです。

パンデミックによって世界のすべての国、すべての人が当事者になりました。今さら、国ごとに対策してもダメです。ましてや「自国第一主義」などは意味を持ちません。世界が一つになって対応するしかない。すぐに「わが国の……」と言い出しますが、ウイルスにそんなことを言っても意味がない。世界中で助け合うしかないのです。

私たち庶民も「ポストコロナの新しい生き方」を模索する時を迎えています。コロナ感染の前から私たちは「自分だけ」という病に感染していました。その点ではあの質《たち》の悪い大国のリーダーたちと同じです。自分の安心と安全だけを考えて、マスクもトイレットペーパーも買い占めた。買えなかった人を自己責任と切り捨てた。相当重症化した「自分病」の症状です。「医療関係者に感謝」と言いながら医療関係者の子どもを排除した。自分のいのちを守るためには医療関係者が必要だと言い、一方で自分の感染リスクがあると、医療関係者の家族を地域から排除する。これも「自分病」の重症化の現れです。コロナ感染から世界が生き残るためには、この「自分病」との闘いをどうするかが問われています。

「医療従事者に感謝」は当然です。ただ、感謝というのは相互的であり、具体的な行動を伴うものです。先日「医療関係者への感謝を示す」と、首都上空を自衛隊のブルーインパルスが飛びました。感謝するのはいいけれど、国がそういう心の部分にまで踏み込まない方がいい。「感謝」とみんなで言い続けると「いやだ」と言えなくなります。医療関係者であっても無理なら逃げていい。このような風景は、七〇年以上前に「お国のために死んでくれ。兵隊さんありがとう」と言っていたことに重なります。だから逃げ道の確保は必要です。

しかし一方で難しいのは「自分病」という現実です。「いざとなったら逃げる」。これが人間です。自分が大事だからです。自分だけは助かりたいからです。すべての人は「自分病」に感染しており、この病を完治させることは困難です。

こんな場面が聖書にあります。

そしてすぐ、イエスがまだ話しておられるうちに、十二弟子のひとりのユダが進みよってきた。また祭司長、律法学者、長老たちから送られた群衆も、剣と棒とを持って彼についてきた。イエスを裏切る者は、あらかじめ彼らに合図をしておいた、「わたしの接吻する者が、その人だ。その人をつかまえて、まちがいなく引っぱって行け」。彼は来るとすぐ、イエスに近寄り、「先生」と言って接吻した。人々はイエスに手をかけてつかまえた。（中略）弟子たちは皆イエスを見捨てて逃げ去った。ときに、ある若者が身に亜麻布をまとって、イエスのあとについて行ったが、人々が彼をつかまえようとしたので、その亜麻布を捨てて、裸で逃げて行った。

（マルコによる福音書一四章四三―四六、五〇―五二節）

弟子のユダは接吻をもってイエスを裏切りました。他の弟子たちも「イエスを見捨てて逃げ去った」。イエスの弟子たちも「自分病」の感染者でした。さらに「ある若者」が登場します。彼は逮捕されそうになり、身に着けていた亜麻布を捨てて裸で逃げ出します。自己保身のためなら、イエスを置き去りにして裸で逃げ出す。それが人の本質です。私も逃げ足の速い患者の一人です。この「自分病」のことを「罪」と言い換えることができます。「義人はいない」（ローマ人への手紙三章）は、すべての人は「自分病」に感染しているということを示しています。この「自分病」との闘いは簡単ではありません。自己保身は拭い難く私たちの中に染み込んでいるからです。

「自分病」が悪化すると「他人と関わらない」という症状が出ます。問題を抱えている人と関わると、自分に危険が及ぶと考えるようになります。この症状はコロナ禍によってさらに強まりました。私たちは、他人を感染源だと認識し、リスクだと思うようになりました。ますます自分の安全だけを考えるようになったのです。

## 3　クリスマスの奇跡

以下は、マタイによる福音書のクリスマスの場面です。

イエス・キリストの誕生の次第はこうであった。母マリヤはヨセフと婚約していたが、まだ一緒にならない前に、聖霊によって身重になった。夫ヨセフは正しい人であったので、彼女のことが公けになることを好まず、ひそかに離縁しようと決心した。彼がこのことを思いめぐらしていたとき、主の使が夢に現れて言った、「ダビデの子ヨセフよ、心配しないでマリヤを妻として迎えるがよい。その胎内に宿っているものは聖霊によるのである。彼女は男の子を産むであろう。その名をイエスと名づけなさい。彼は、おのれの民をそのもろもろの罪から救う者となるからである」。すべてこれらのことが起ったのは、主が預言者によって言われたことの成就するためである。すなわち、「見よ、おとめがみごもって男の子を産むであろう。その名はインマヌエルと呼ばれるであろう」。これは、「神われらと共にいます」という意味である。ヨセフは眠りからさめた後に、主の使が命じたとおりに、マリヤを妻に迎えた。しかし、子が生れるまでは、彼女を知ることはなかった。そして、その子をイエスと名づけた。

（一章一八―二五節）

マリヤはヨセフと婚約していましたが、一緒になる前に聖霊によって身ごもりました。「クリスマスの奇跡」といえば「処女降誕」。聖霊、つまり神の力によって妊娠したことが挙げられます。「すごい、すばらしい」と言う人は少なくありませんが、当事者にとっては、そんなのんきな話ではありません。

ある日突然、婚約者が妊娠した。ヨセフには覚えがない。マリヤに聞いても「分からない」の一点張り。あなたならどうします？　「誰か他の彼氏がいるのでは」と疑いが生じて当然です。マリヤは「聖霊によって身ごもった」と説明しますが、そんな話が通用しないことはマリヤ自身分かっています。

「夫ヨセフは正しい人であったので、彼女のことが公けになることを好まず、ひそかに離縁しようと決心した」と聖書は言います。イエスの時代、婚約中であっても婚約者以外と関係を持つと姦淫罪になります。姦淫罪は石打ちによる死刑。だから、ヨセフはマリヤが処刑されることを回避するために「ひそかに離縁しよう」とした、さすが「正しい人」だけあります、とこれまで言われてきました。

そうでしょうか。本当にそれでいいのでしょうか。これはヨセフに都合のいい判断だと私には見えます。マリヤにとってこれはどうなのか。ヨセフの何が「正しい」のか。私は、ホームレス支援の現場に長く携わってきましたが、「縁を切られる」ということがどれだけ過酷かを考えさせられてきました。出会った人の九割は、危篤の連絡をしても、あるいは召されたと知らせても、家族が来てくれない人々でした。誰も来ない病院の霊安室でお葬式を何度もしました。これはつらい光景でした。家族にも言い分はあります。「この人のためにどれだけ苦しめられたか」と訴える家族もおられました。それを承知で「もう召されたのだから赦してやってもらえませんか」と電話で食い下がります。しかし電話は切られてしまう。

あの日、ヨセフを一つの誘惑が襲ったのです。「ひそかに縁を切る」。一見マリヤを助けるための決断に見えますが違います。ヨセフはひとりだけ逃げようとしたのだと私は思います。「そういう大変な人と関わらない方が身のためだ」と彼は「正しく」判断した。

ヨセフはそれでいいかもしれませんが、マリヤはどうなるのか。わけが分からず妊娠して、婚約者のヨセフに相談したら彼はひそかに縁を切ろうと言い出す。「ひそかに」というのが、これまたいやらしい。ああ、だんだんヨセフに腹が立ってきました。

このままでは、マリヤはシングルマザーとして、しかも「姦淫の女」「姦淫の子を産んだ女」との陰口をたたかれながら生きていかねばなりません。養育費はどうなるのか。父さんと母さんにはなんと説明するのか。マリヤにとって世界で唯一頼れるヨセフが「ひそかに縁を切る」。これはもう踏んだり蹴ったりじゃないですか。

「正しい人」には気を付けた方がいい。「正しい」とか「正義」とかを振りかざす人に限って戦争を始めたりします。「正しい人」（義人）はいない（ローマ人への手紙三章）。ならば、「正しい人であった」は要注意です。人は全員罪人です。ヨセフの「ひそかに縁を切る」というのは、あの「われわれの知ったことか。自分で始末するがよい」（マタイによる福音書二七章四節）に通じるものだと思います。「ヨセフ、お前それでホンマにええのか」と私は言いたい。「そんなの正しくも優しくもないぞ」と。

とはいえ私も実はあまり変わらない「自分病」患者です。いざとなれば何を言い出すか分からない。ヨセフも私も「危険」「損」「リスク」を嗅ぎ分ける能力がすごく発達している。「これは危ない。ひそかに縁切り。さようならマリヤ、どうぞ幸せになってね。僕は離れた安全な場所から見守っているからね」と言いかねない人間です。こういうのを「正しい人」と言うのなら、それは、「この世的に正しい判断ができる人」であり、「ヨセフは賢い人だ」と言い換えてもいいかもしれません。「ヨセフは賢いからそんなリスクは負わないよ」という時の、あの「賢い」です。

マリヤは悲しかった。これが実行されていたらユダと同じことになっていたかもしれません。そうなっていたらイエスの誕生はありませんでした。

しかし神様は、こういう「正しい人」を見逃しません。その夜、ヨセフの夢に主の使いが現れます。「ダビデの子ヨセフよ。あれこれ考えないで、恐れずマリヤを引き受けなさい。マリヤの子どもは、確かに聖霊によって宿ったんです。『なんで』と言わない、尋ねない。そのまま引き受けなさい。男の子が生まれます。名前はイエスとしなさい。『神がみんなを救う』って意味です。いい名前でしょう。だから逃げてはダメです。自分だけ助かろうなどと考えない。マリヤと縁を切ったらいけません。引き受けたらあなたも大変な目に遭います。それでもマリヤと一緒に生きていきなさい。ヨセフさん、ここはひとつ頑張って縁を結びなさい」。

神様は逃しません。ヨセフを励まします。引き受けることは確かにリスクを伴いました。たぶん生涯にわたってヨセフはこんな陰口をたたかれたと思います。「ヨセフはアホや。誰の子どもかも分からないのに引き受けて。お人よしもいい加減にしろ。ヨセフはほんとうにアホや」と。

さて、それでどうなったか。「ヨセフは眠りからさめた後に、主の使が命じたとおりに、マリヤを妻に迎えた。しかし、子が生れるまでは、彼女を知ることはなかった。そして、その子をイエスと名づけた」。やりよりました！　ヨセフ偉い。「ヨセフはアホや」と周囲の人は言ったでしょう。

しかし、私はこれこそが「クリスマスの奇跡」だと思います。縁切り寸前の若いカップルが縁を切らず、互いにリスクを負いながら、共に生きていこうと決断した。「縁切り」が横行し、孤立と分断が進む今日の「自分病」社会から見て、この話は奇跡だと思います。

マルカによる福音書には、マリヤが説得される場面が出てきます。ルカによる福音書一章です。マリヤは天使から「恵まれた女よ、おめでとう」（二八節）と言われます。そして受胎告知を受けるのです。聖書には「胸騒ぎがした」と書かれていますが、それどころじゃなかったと思います。マリヤにしてみれば「えええええええええええええええ×3」って感じです。でも彼女は「レットイットビー」（なすがままに）と応えたのです。マリヤも偉い。マリヤも「マリヤはアホや」と揶揄《やゆ》されたと思います。でも、彼女はイエスを生むのです。

救い主の誕生は二人の「アホ」によって担われました。賢く正しく損得勘定をしていたら決してしない選択を、「アホ」な二人がしてくれた。それで救い主は誕生できたのでした。

## 4　イエスは最高の「アホ」――自分は救わない人

マルコによる福音書の十字架の場面です。

祭司長たちも同じように、律法学者たちと一緒になって、かわるがわる嘲弄して言った、「他人を救ったが、自分自身を救うことができない。イスラエルの王キリスト、いま十字架からおりてみるがよい。それを見たら信じよう」。また、一緒に十字架につけられた者たちも、イエスをののしった。昼の十二時になると、全地は暗くなって、三時に及んだ。
（マルコによる福音書一五章三一―三三節）

イエスが十字架につけられた時、祭司長や律法学者たちは、かわるがわるイエスを嘲弄《ちょうろう》します。「嘲弄」とは「あざけって馬鹿にすること」です。「嘲笑」は「あざけり笑うこと」。新共同訳聖書や協会共同訳聖書では「侮辱」となっていますが、私は「嘲弄」のほうがいいと思います。単に辱《はずかし》められたというよりも、馬鹿にされ、あざけられ、笑われている。十字架の周囲からは、そのようなまなざしがイエスに向けられていたのです。

人々はイエスの何を馬鹿にしたのでしょうか。祭司長や律法学者の言葉にそれは明確です。「他人を救ったが、自分自身を救うことができない」。イエスが嘲弄された理由はこれでした。「イエスはアホや。自分のことはさておいて、他人のために生き、他人のために死んでいく。他人を救うために十字架に架けられる。イエスはほんまにアホや。自分のことだけ考えて賢く生きたらいいものを。それが『正しい』生き方なのに」。

このような嘲弄は、二千年後の今日もなされ続けています。いや、さらに拍車がかかっているかもしれません。人と関わることにリスクが伴うことは誰もが承知しています。だから、誰とも関わらないようにする。「助けて」の叫びを「自己責任」で押し戻す。「関わらない方が正しい」という生き方が染みつき、孤立が社会の隅々にまで広がりました。そしてコロナになり、ステイホームが推奨され「他人と関わらない方が安全」というこれまでの風潮を後押しすることになりました。

そういう現実に対して闘いを挑んだのがイエスだったのです。「他人は救うが、自分は救わない」。これこそが「救い」だと聖書は言います。キリスト教は、「アホや」と言われた人こそが「救い主」だったと信じてきました。

このイエスを知った私たちはどう生きるべきでしょうか。時には賢く生きることも必要です。コロナにおいては「正しく恐れる」ことは重要です。しかし、それでもイエスは、そんな私たちを問うのです。「お前たち賢すぎないか。もう少しアホになったらどうだ」と。

「自分病」の患者である私たちを治療するためにイエスは、今日も十字架に架かられています。他人を救い、自分は救わないという「アホな生き方」を示し続けておられるのです。この姿が私たちを「自分病」から解放します。「賢くなる」ために頑張りすぎて発病してしまった私たち。だから「アホになる」ことが必要なのです。

「あいつアホやないか」と言われたら喜ぶ。「アホな教会」と呼ばれたら胸を張る。「アホな学校」、「アホな政治家」、「アホな牧師」。世界中で「アホ」が足らない。こんな時に炊き出しを続けてやっている「アホなＮＰＯ」も必要なのです。「アホ」大募集中。「アホ」と呼ばれる生き方がどれだけしんどく、どれだけ豊かか。私たちは「アホ」を増やすために伝道するのです。あなたも「アホ」になりませんか。

## 5　おわりに――自分の十字架を負って従う

本日の箇所に戻ります。

それから群衆を弟子たちと一緒に呼び寄せて、彼らに言われた、「だれでもわたしについてきたいと思うなら、自分を捨て、自分の十字架を負うて、わたしに従ってきなさい」。

（マルコによる福音書八章三四節）

改めて、イエスの言う「自分を捨て、自分の十字架を負って」とは何を意味しているのかを考えたいと思います。そもそもイエスにとって「自分の十字架」とは何であったのか、それが重要です。イエスを十字架につけた人々は、「他人は救ったが自分は救わない」とイエスを嘲弄しました。イエスが他人を救ったことは、彼らも認めざるを得ない事実でした。イエスは他者の十字架を負われたのです。だからイエスにとって「自分の十字架」は、「他者の十字架」を意味しました。ですから「自分の十字架を負って」は「自分の責任を負う」という意味ではなく、イエスのように「あなたが負うべき他者の十字架を負え」ということを意味していると思います。「私についてきたいと思うなら、自分のことばっかり考えて、賢く、損得勘定を『正しく』するような『自分病』患者のような生き方をやめて、自分のことをいったん脇に置き、自分を捨て、あなたが負うべき他者の十字架を負って私に従ってきなさい」。私はこの箇所をそんなふうに読みたいと思います。

そもそもイエスが私の十字架を負って下さったのです。だから、今さら自分の十字架を負う必要はありません。これが贖罪論の基本です。そうであるならば、私が負うべきその他者の十字架も、イエスによってすでに負われていることになりますので「他者の十字架」を私が負うというのは論理的に少々矛盾します。しかし、「イエスについていく」、あるいは「イエスに従う」ということの本質が「他者の十字架を負う」ということにあるのですから、あの言葉はやはり「私に与えられた、私が負うべき他者の十字架を負ってイエスに従う」と読みたいと思います。「自分病」が蔓延する今日の世界においてはこういう生き方は忌避されます。「アホちゃうか。人の分まで背負って。『正しい人』は、ひそかに縁を切るものだ」と嘲笑されるのが落ちです。しかし、イエスは「アホでえんや。そこに救いがある。そこに愛がある。アホになれ」と私たちを召されています。

東八幡キリスト教会は「アホみたいな教会」になりたいと思っています。ここにおられる人もアホみたいな人が多い。なかでも私が最も敬愛する「アホ」は、この教会の植木啓《けい》先生です。私の主治医、ホームドクターである植木先生にお腹を触ってもらって「大丈夫」と言われると治ってしまいます。植木先生は私にとって信仰の師でもあります。目の前に座っておられるので「アホ」と言うのも勇気がいりますが、この信仰の先輩は「本物のアホ」です。もうすぐ百歳になられますが、先生が最前列で礼拝に参加されていることでどれだけ私たちが励まされていることか。本当に感謝です。

私が赴任してしばらくした時のことです。その頃、神学生が毎週土曜日から泊まりがけで教会に来ていました。ご飯を食べていると、消防車がウーカンカンカンって鳴り出しました。サイレンの音がどんどん大きくなっていきました。「近所だ」と思い、教会の二階の窓から見ると、ちょうど植木医院の辺りに火柱が見えました。「これはいかん」とすぐに植木医院に向かいました。すでに道路には何台もの消防車が止まっており、消火活動が行われていました。消防車の間を縫って現場へ。火元は植木医院の三軒手前でした。

植木医院の玄関には、植木先生とお連れ合いのみさほさんが立って、茫然と火を見ておられました。「先生、危ないから逃げましょう」。二人は大きな風呂敷包みをそれぞれ持っておられましたが、それを奪い取るようにして教会に避難しました。

火事は二棟を焼いて鎮火。植木医院は無事でしたが、火元では少年が一人亡くなっていました。翌日の礼拝で、植木先生が「あそこはいろんなことがあった家で、いつかこんなことになるのではと思っていました。もっと早く牧師に相談していればあの子は亡くならなかったと思います。これは私の責任です。亡くなった彼のために祈ってください」と涙を流されました。その家は親に恵まれない子どもたちのたまり場になっていたようで、その日は喧嘩となり一人の少年が火のついたストーブを放り投げたことから火災となったそうです。

鎮火後、植木先生ご夫妻と植木医院に戻りました。玄関を開け中に入ります。預かっていた風呂敷包みを床に置きました。風呂敷包みはずっしり重かったです。七十歳を超えた老夫婦が火事の時に抱えて逃げた二つの風呂敷包み。少々気になります。中身は一体何だろう。現金だったら大変なこと。有価証券か。考えるとドキドキしてきます。

思い切って尋ねました。「植木先生、ともかく無事でよかったですね。ところで……この風呂敷包みは何が入っているのですか」。植木先生は、ぶしつけな質問にも「あはは」と笑われ「見たいですか」とおっしゃいました。「見たい、見たい、見たいです」。すると植木先生は、僕の目の前でその風呂敷包みを開けられたのです。中身は、何だったと思います?

すべて患者さんのカルテでした。「先生、これだけ持って逃げたんですか。お宅にはもっといろいろあったでしょう。本当にこれだけですか」と言う僕に植木先生は「自分のものならば燃えてもあきらめられますが、これは他人のいのちですから」とおっしゃった。僕は「先生、アホやなあ、ほんとにアホちゃうか」と言いながら泣きました。涙がポロポロ出て止まりませんでした。なぜならば、先生ご夫妻が持って逃げようとしたカルテの中に、僕のカルテも、妻のカルテも、子どもたちのカルテも入っていたからです。植木啓というクリスチャン医師は、いざと言う時に僕ら家族のいのちを抱えて逃げて下さった。自分の物は何ひとつ持たず。僕は心の底から思いました。「こんな人になりたい。こんなアホな人になりたい」と。

キリスト教というのはそういう人々、つまり「アホな人々」によって形成されたのです。その筆頭はもちろんイエス・キリストです。自分は救わず、他者の十字架を負われた。マリヤもヨセフも、弟子たちも、みんなこのイエスと出会いアホになれたのです。

私たちは少々賢くなり過ぎたのだと思います。「正しい」選択がうまい。つまり、自分が損をするような出来事や他人が近づいてくると、イヌ並みの嗅覚を持って逃げます。そうすることで自分の安全を確保したかに見えますが、実はそういう生き方が「救い（主）」から最も遠い生き方であることに気づかない。

コロナに感染せずとも、世界はすでに「自分病」が蔓延しています。この病気に罹ると自国第一主義を目指すようになり、自己責任論を振りかざし、トイレットペーパーを買い占めるようになります。めちゃくちゃに賢く正しい人になれますが、一方で孤独で寂しい人生となります。

そうではなく、イエスの愛に感染するのです。その症状は「他人を救い、自分を救わない」人になるというものです。ただ、私のような臆病者は、イエスの愛に感染することも正直怖い。これが重症化すると、いのちがいくつあっても足りないということになります。イエスと同じ道をたどり、十字架を負うことになります。正直、私には無理。ずる賢い私には。

でも十回に一回は、百回に一回は、いや千回に一回は、アホになりたいと思うのです。他者の十字架を負いたいと思うのです。それを祈り求めたい。「ちょっとはアホになれ」とイエスに言われた時には、せめて一万回に一回はレットイットビー（なすがままに）と応えたい。

私は、あのイエス逮捕の夜、裸で逃げた若者に自分を見ます。いざとなったらなりふり構わずイエスも捨てて逃げていく。それが私です。しかし、あの青年が後にマルコによる福音書を書いたとの説があります。マルコによる福音書は、最初に書かれた福音書です。あの逃げ出した青年は戻ってきた。そして、キリスト教徒に迫害が迫る時代にイエス・キリストの福音を伝えるという大変危険な仕事をした。あの「青年」がマルコだということは、歴史的に証明されているわけではありませんが、もしそうならば、それは希望です。

「自分病」に苦しむ私たちに、イエスは今日も呼びかけておられます。「自分の十字架を負って私に従いなさい」、「あなたに与えられた他者の十字架を負って私に従ってきなさい」と。賢くなり過ぎた私たちを解放するために、イエスは嘲弄されることにご自身をさらされたのです。

ポストコロナのあるべき社会は「アホな人によって形成される社会」だと思います。自分を捨て、他者の十字架を負う。実に賢くないアホな生き方です。でも、素敵な生き方です。みんなでアホになりませんか。みんなでアホな世界を作りませんか。イエスは、今日も十字架から私たちにそう呼びかけておられます。

祈ります。

# 14　そう簡単に新しくなれない私――次代の花形

二〇二〇年七月一九日

マルコによる福音書一二章一〇―一一節

「あなたがたは、この聖書の句を読んだことがないのか。『家造りらの捨てた石が／隅のかしら石になった。これは主がなされたことで、わたしたちの目には不思議に見える』」。

## 1　はじめに――古い奴

皆さん、おはようございます。オンラインで参加の皆さんもおはようございます。今日は、「時代遅れ」について考えたいと思います。コロナになってオンラインやテレワークが当たり前になりました。でも、正直ついていけない。私も最近はＹｏｕＴｕｂｅチャンネルなどやっていますが、内実は「ハイ、ここに立って」「じゃあ、話して」と言われるままにやっているだけで、どんな仕組みになっているのかさっぱり分からない。まさに「時代遅れ」なのです。でも悔しいから最近 iPhone 12 pro MAX を買っちゃいました。使いこなすことなどできませんが、まあ「持ってるぞ」という感じでやってます。

私が小学一年生だった一九七〇年。鶴田浩二という人が『傷だらけの人生』という歌を歌い大ヒットしました。小学生の私も耳に手を当てて「古い奴だとお思いでしょうが」とやっていました。

鶴田浩二さん、カッコよかったですね。こんな歌詞です。

（セリフ）古い奴だとお思いでしょうが、古い奴こそ新しいものを欲しがるもんでございます。どこに新しいものがございましょう。生まれた土地は荒れ放題、今の世の中、右も左も真っ暗闇じゃござんせんか。

（歌）何から何まで真っ暗闇よ。筋の通らぬことばかり。右を向いても左を見ても、ばかと阿呆《あほう》の絡み合い。どこに男の夢がある。

（セリフ）好《す》いた惚《ほ》れたとけだものごっこがまかり通る世の中でございます。好いた惚れたはもともと「こころ」が決めるもの。……こんなことを申し上げる私もやっぱり古い人間でござんしょうかね。

作詞が藤田まさと、作曲が吉田正。新しくなれないと古い奴がもがいている一方で、古い奴ほど新しいものを欲しがるものとも言う。ああ、それで iPhone 12 かとなるのですが。でも、結局、古い奴は簡単には新しくなれないという歌です。時代は、どんどん先に行く。でも「時代遅れな奴」は必ずいる、そう簡単には新しくなれない私がいます。

コロナになって五か月が過ぎました。「ニューノーマル」「新しい生活様式」、あるいは「アフターコロナ」が議論されています。コロナという未曾有の事態の中で「新しく」ならざるを得ないのは事実です。仕事の形も変わりテレワークが推奨されるようになりました。感染防止の観点からは確かに必要です。オンライン会議やオンライン講演会も日常となり、最近ではオンライン飲み会なんかもあるようです。東八幡キリスト教会は、コロナ前から「星の下」というネット会員の仕組みを作っていました。これは「ともかく、どんな形であってもつながろう」ということを目的に作られましたが、コロナになってそれ以上の意味を持つようになりました。今日もたくさんの方がオンラインで礼拝に参加されています。「星の下」の会員登録がまだの方は、教会ホームページより登録してください。

ずいぶん便利になったなと思います。でも、ついていけない「古い自分」がいる。先日オンラインで講演をしていたら途中で切れてしまいました。主催者から電話が入り「ここから先は電話で話してください」となり、ひたすら電話に向かって話すという、新しいんだか古いんだかよく分からない時間を過ごしました。私はどちらかと言えば「古い奴」です。だから、新しいものを欲しがります。その度に「取り残されている気分」になります。濃厚接触が大好き。人間、直接会わないと分からないと、どこかで信じている。でも、「新しい生活様式」に変えていかないと最悪の場合感染死してしまう。だから、頑張って「新しくなろう」ともがいている。それが今の私です。慣れない「Ｚｏｏｍ」にしがみつき、コンピューターの前に座って、各地の人々と会議をしています。一年前からするとそれはすごい変化です。これまでは、やれ厚労省の会議だと言っては東京に出かけていました。「その日はいません」と断れたので、同じ日に会議が重なることはありませんでした。しかし、今は東京の方々とネット会議をした直後に今度は大阪の人たちとネット会議が始まる。さらにその後に東北の人たちとだったりするわけです。

移動がない分疲れないかというと、そうでもない。これが結構疲れます。参加者の顔が並ぶ画面を見ながら話すわけですが、なんとなく実感がわかない。ズボンを履いていなくても相手には分からない。実際にはそんなことはありませんが、しかし正直、これまでのように同じ部屋のテーブルについて議論する時の緊張感はありません。どこか「出会いが軽くなった」感じがします。肉体が伴っていない分、お互いの存在感も薄い。リアルな会議なら何も言わなくても、そこに座っているわけですから「ああ、奥田さんが参加している」となります。ネットではそうはいきません。となると、存在感を示すために頑張って発言しなければならない。しかも印象付けるために「できるだけいいことを言わねばならない」というプレッシャーを感じます。「ネットはダメ」などと言う気持ちは毛頭ありませんし、現に私は日々それを利用しています。東八幡キリスト教会の礼拝もネット配信をすることで、これまで「つながる」ことが難しかった人ともつながれるようになり、多い時には三〇〇人ほどがネット礼拝に参加されます。でも、「古い奴」は少々心配になります。「ついていけない」と。「自分は取り残されるのではないか」と。

コロナは、私たちに「新しい生活様式」を求めました。マスク生活、ソーシャルディスタンス、テレワークなど、時代はどんどん先に行きます。この間、休業や失業に追い込まれた人が大勢出ています。家を失う人も出るのではないかと心配です。現在、やったことのないクラウドファンディングに挑戦しています。全国一〇都市で支援付きの住宅を確保するためです。

一方でこの状況において、業績が上がった企業もあるわけです。先に挙げたネット関係の企業や「巣ごもり商品」と呼ばれる、ステイホーム中に使用するグッズなどの会社も好調だと聞きます。

先に行けた人とついていけない人が出てきています。

　政府は「ＧｏＴｏキャンペーン」を実施するそうです。コロナで移動が制限され疲弊する観光業界を助けるためです。観光地の苦労は相当なものとなっています。一方でステイホームを推奨し、一方で「ＧｏＴｏキャンペーン」を進める。これは矛盾している。今後感染が広がるのは確実でしょう。この間、仕事も家も失っている人がおられ、一方で「ＧｏＴｏキャンペーン」を利用して高級旅館に泊まる人がいる。「ＧｏＴｏ」を「チャンス」と思える人と「自分は関係ない。取り残されている」と感じる人。「ＧｏＴｏ」が全部ダメだなどと乱暴なことも言えませんが、この両者がおられることは現実です。

　さらに「ＧｏＴｏ」という言葉が少々刺さります。この施策は、国が補助金を出しますから旅行に行きなさいということです。行くか、行かないか、行けるか、行けないかは、人それぞれです。ただこれが「いつまでコロナで落ち込んでるんですか、さあ次に行きましょう」とも聞こえる。確かにそうかもしれません。いつまでも「ステイホーム」をしているわけにもいかないし、経済も動かさねばならない。でも「次に行こう」と言われても「行けない人」が現におられる。「古い奴」がいるのです。

　そういう人々は、「ＧｏＴｏ」の中で「自分は取り残された」、あるいは「自分は排除された」と感じているのではないでしょうか。急激に変わっていく時代の中で、取り残され脇へと追いやられた人々が「ついていけない。そう簡単には新しくなれない」とつぶやく声が聴こえてきます。

## 2　隅のかしら石になる

本日の箇所ですが。

「あなたがたは、この聖書の句を読んだことがないのか。『家造りらの捨てた石が／隅のかしら石になった。これは主がなされたことで、わたしたちの目には不思議に見える』」。

イエスの時代、家は石造りだったようで、家造りの職人が石を切りだし、形を整えて積み上げていく。すると切れ端みたいな石が出てきてしまう。「使えない」と見なされた石は、家造りらによって捨てられたわけです。しかし、神様は、捨てられた石を隅のかしら石、つまり、礎石とされるとイエスは言います。神は、その石の存在を決して忘れてはおられません。いや、そんな消極的なことではなく、実はその捨てられた石が次の時代の基礎となると言うのです。

本日の宣教題は、「そう簡単には新しくなれない私——次代の花形」です。「じだい」は「時代」じゃなくて「次代」。つまり、次の時代の中心に置かれるということです。排除された者が、それでも生き残るということではなく、捨てられた者が次の時代を創造するということです。

「隅のかしら石」が何を意味しているのかについては、二つの説があると言われています。一つは、家の礎石、基礎に当たる部分です。もう一つは、屋根を組んでいく時に石をアーチ型に組んでいき、その最後にはめる石、それが「隅のかしら石」だそうです。その石がはまることで全体に力がかかって落ちて来ない。不思議です。いずれにしても、いったん捨てられた石が肝心要《かんじんかなめ》のかしら石となるとイエスは言うのです。

時代は、「新しい生活様式」、「ポストコロナ」、そして「ＧｏＴｏ」と次に向かっていく。でも、その一方で取り残され、脇へとやられる「古い奴」がいる。その「古い奴」が隅のかしら石になるとすると、どうでしょうか。先を急ぐ者たちには、「これは主がなされたことで、わたしたちの目には不思議に見える」のです。

捨てられた者たちを誰も気にしません。少々声を上げたとしても「自己責任だ」とやられてしまう。「インターネットを活用するのは常識です」。「今時スマートフォンを使えないなんて」。「ＱＲコードを使えば簡単に申し込めます」。「安くなるんだから旅行に行かないっていうのはどうですかね」。そういう社会は、あのイエスの言葉が不思議でならないのだと思います。

しかし、神様というのは、時々私たちが考える常識というか順番をひっくり返されるわけです。マタイによる福音書一八章一二―一三節にこんな譬え話があります。

あなたがたはどう思うか。ある人に百匹の羊があり、その中の一匹が迷い出たとすれば、九十九匹を山に残しておいて、その迷い出ている羊を捜しに出かけないであろうか。もしそれを見つけたなら、よく聞きなさい、迷わないでいる九十九匹のためよりも、むしろその一匹のために喜ぶであろう。

迷い出た人、遅れた人は自己責任だから放っておく。それが今の自己責任社会です。しかしイエスは「九十九匹を山に残しておいて、その迷い出ている羊を捜しに出かけないであろうか」と言います。つまり、「行くに決まってんじゃん」と。そして、見つけたら「むしろその一匹のために喜ぶ」と言います。それは、神のみこころだと。

そのように、これらの小さい者のひとりが滅びることは、天にいますあなたがたの父のみこころではない。（一四節）

「迷い出た一匹は、置いてけぼりを食らうしかない」。それが世界の常識だとすれば、神様は、どうも非常識な方のようです。一匹、つまりひとりが滅びることを許されないのですから。しかも、それは単に「迷子」ということでもなく、この世界においては「小さい者のひとり」なのです。この「小さい者のひとり」で思い出すのが、マタイによる福音書二五章三四―四〇節です。

「そのとき、王は右にいる人々に言うであろう、『わたしの父に祝福された人たちよ、さあ、世の初めからあなたがたのために用意されている御国を受けつぎなさい。あなたがたは、わたしが空腹のときに食べさせ、かわいていたときに飲ませ、旅人であったときに宿を貸し、裸であったときに着せ、病気のときに見舞い、獄にいたときに尋ねてくれたからである』。そのとき、正しい者たちは答えて言うであろう、『主よ、いつ、わたしたちは、あなたが空腹であるのを見て食物をめぐみ、かわいているのを見て飲ませましたか。いつあなたが旅人であるのを見て宿を貸し、裸なのを見て着せましたか。また、いつあなたが病気をし、獄にいるのを見て、あなたの所に参りましたか』。すると、王は答えて言うであろう、『あなたがたによく言っておく。わたしの兄弟であるこれらの最も小さい者のひとりにしたのは、すなわち、わたしにしたのである』」。

ここでは「小さい者のひとり」に「最も」という言葉がついて、いっそう「小ささ」が強調されています。「最も小さい者」とは、腹ペコの人、渇いている人、裸の人、宿無し、病人、受刑者です。そういう「最も小さい者のひとり」と関わったかどうかが問われます。

「最も小さい」という言葉は相対的な表現です。何かに比べて「最も小さい」とされています。その「何か」とはなんでしょうか。それは、この社会の価値観です。この社会の主流、基準からして「最も小さい」、つまり取るに足らない存在だとされているということです。「古い奴」も一緒です。今の社会が求める新しさからすると、それについていけない古い奴ということになります。「最も小さい者のひとり」は、現在の社会から「排除された者」「虐げられた者」という意味が込められています。そしてイエスは、この「最も小さい者のひとり」との関係が神との関係そのものだと言い切ります。ここでも「不思議に見える」ことが述べられています。時代の列車に乗り遅れた人たちが、神と繋がり、神の国を受け継ぐ者とされる。つまり、隅のかしら石となって次の建物を支える存在になると言うのです。

## 3　イエス──最も小さい者のひとり

その極めつけはイエスご自身だと思います。彼もまた「排除され、取り残された最も小さき者のひとり」として誕生し、生き、死んでいったのです。

ルカによる福音書二章一─七節には、クリスマスのストーリーがあります。

そのころ、全世界の人口調査をせよとの勅令が、皇帝アウグストから出た。これは、クレニオがシリヤの総督であった時に行われた最初の人口調査であった。人々はみな登録をするために、それぞれ自分の町へ帰って行った。ヨセフもダビデの家系であり、またその血統であったので、ガリラヤの町ナザレを出て、ユダヤのベツレヘムというダビデの町へ上って行った。それは、すでに身重になっていたいいなづけの妻マリヤと共に、登録をするためであった。ところが、彼らがベツレヘムに滞在している間に、マリヤは月が満ちて、初子を産み、布にくるんで、飼葉おけの中に寝かせた。客間には彼らのいる余地がなかったからである。

飼い葉おけというのは、馬や牛の餌を入れるおけです。明確に家畜小屋などという記載はありませんが、イエスが馬小屋で生まれたとされるのは、この飼い葉おけという言葉によります。しかし、重要なのはその後の一言です。「客間には彼らのいる余地がなかった」。「客間」は、世界とか社会だと思います。若く身重の夫婦が身を寄せようとしたが、彼らを引き受ける客間、つまり余地は無かった。「余地がない」というのは、物理的に場所がないということではありません。彼らを引き受ける人は誰もいなかったということです。その気になれば「ここを使いなさい」と言えた人は、宿屋にも、その町にもいたはずです。しかし、彼らは家畜小屋に追い払われた。これがイエス誕生の現実だったわけです。「お前の場所はない」と言われた人が家畜小屋へと追いやられた。世界は、皇帝の命令に従い「ＧｏＴｏ」とばかり動き出していました。そんな中で取り残される人がいた。しかし、その取り残されたうちの一人が救い主だったのです。忘れられた者、追われた者、新しい時代の波に乗りそこなった人の中にイエスはおられたわけです。

その究極が十字架でした。イエスが首都エルサレムに入られた時、群衆は「ホサナ、ホサナ」（バンザイ、バンザイ）とイエスを歓迎しました。しかし、その数日後、群衆は「十字架につけろ」と言い出します。群衆の変わり身の早さは驚くばかりです。群衆だけではありません。弟子たちも一人残らず逃げました。一番弟子のペテロも大祭司の庭で「あんな人は知らない」と言います。作家の遠藤周作は、このペテロの発言は、イエスと一緒に裁判にかけられていたペテロが面と向かって「知らない」と言い放った瞬間だと想像しています。

イエスの最期もまた、取り残され追いやられた姿だったのです。イエスご自身、十字架上でこう叫ばれました。「わが神、わが神、どうしてわたしをお見捨てになったのですか」。そうです。「捨てられた」。それがイエスでした。

聖書がすごいのはここからです。この捨てられた人が救い主、キリストになる。神様は、イエスを復活させせられる。その様子がマルコによる福音書一六章一―七節に書かれています。

さて、安息日が終ったので、マグダラのマリヤとヤコブの母マリヤとサロメとが、行ってイエスに塗るために、香料を買い求めた。そして週の初めの日に、早朝、日の出のころ墓に行った。(中略)墓の中にはいると、右手に真白な長い衣を着た若者がすわっているのを見て、非常に驚いた。するとこの若者は言った、「驚くことはない。あなたがたは十字架につけられたナザレ人イエスを捜しているのであろうが、イエスはよみがえって、ここにはおられない。ごらんなさい、ここがお納めした場所である。今から弟子たちとペテロとの所へ行って、こう伝えなさい。イエスはあなたがたより先にガリラヤへ行かれる。かねて、あなたがたに言われたとおり、そこでお会いできるであろう、と」。

墓の中で真っ白な長い衣を着た若者が座っていたので、女たちは非常に驚いたと言います。そりゃ驚いて当然です。真っ暗な墓の中で白い衣の若者が座っていたら、私だったらもう心臓が止まっています。その若者はさらに驚くことを言います。「イエスはあなたがたより先にガリラヤへ行かれる」。イエスは復活し、あなた方よりも「先に」なる。これは、捨てられ取り残された人が先になるということです。すなわち家造りらが捨てた石が隅のかしら石になる、と。

「隅のかしら石」となるというのは、「捨てられた者」や「排除された者」を神が決して忘れず、憐れんでくださるということではありません。それはそれで大事なことですが、「隅のかしら石」ですから、神は、彼らを次の時代の土台に据えられるということです。「取り残された者」、「捨てられた者」にとっては、これは希望でした。同時に、「自分は先にいる」と考えていた人にとっては不思議議に思える出来事だったのです。

ホームレス支援の現場では聞き取りがとても重要です。そもそも身寄りや頼れる人のいない人たちですから、ともかくその人の生きた証しを残すという意味でも聞き取りは重要でした。正直、ウソか本当か分からない話もすべてメモします。活動が始まった頃は、ホームレスの数も少なく、隣に座り込んでずっと聞いていました。

ある親父さんは「俺様が自動車のエンジンを開発した特許保持者だ」と言っていました。「毎年カーネギー財団からその特許料が何億ドル振り込まれている」と。「じゃあ、なんでおじさん野宿してんの」と尋ねたら「いやあ、振り込まれている通帳のハンコをなくしてお金がおろせない」とのことでした。

そういうおもしろい話が聞けるのも恵みでしたが、メモを取ることのもう一つの意味は、現在の社会から追いやられ捨てられた人々が持っている「認識論的特権」に着目できるということです。最も苦しんでいる人、最も小さくされた人だけにしか分からない世界があるということです。それを教えてもらうため、夜の街を巡り歩いて聴くわけです。「大事なこと」を。

たとえば、私が必ずと言っていいほど講演などで話す「ハウスレスとホームレス」の話も、野宿の当事者から聴いた話です。今から三〇年前、中学生が夜間にホームレスのおじさんたちを襲撃していました。襲われていたその当事者のおじさんがこう言ったんです。「本当にやめてほしい。けれど、夜中の一時とか二時にホームレスを襲いに来る中学生は、家があっても帰るところがないんじゃないか。親はいても心配されてないんじゃないか。帰るところがない、誰からも心配されていない。そういう人の気持ちは、俺はホームレスだから分かるけどな」。

私はこの人から教えてもらったのです。「ハウスとホームは違う」ことを。この人との出会いがなければ「経済的困窮＝ハウスレス」と「社会的孤立＝ホームレス」という抱樸《ほうぼく》の基本的視座は生まれていません。この視座は、今や厚労省の「生活困窮者自立支援法」や「重層的支援体制整備事業」などにおいて採用されています。

地域はホームレスを排除し続けています。私自身、何度も住民反対運動にさらされました。ホームレス排除は地域にとって本当にもったいないことだと思います。彼らを排除するのではなく、「捨てられた者」や「最も小さい者」のみが持つ認識から教えてもらう。そうすれば、次の時代はきっと豊かになると思います。

しかし、現実は「ＧｏＴｏ」、「次に行こう」との掛け声のもと、多くの人が取り残されていく。正直、大丈夫だろうかと心配になります。「捨てられた者が新しい希望となる」。この復活信仰がこのコロナの時代において必要なのではないか。私はそう思うのです。

## 4　おわりに――次代の花形

教育学者である林竹二さんの『教育の再生をもとめて』という本があります。これは、一九七七年に兵庫県の定時制高校、湊川高校での授業の記録です。その中に「創世記」という授業があります。聖書の話をされているわけではありませんが、とても大切なことを教えておられます。

私がこの本を読んだのは大学生の頃、つまりホームレスの支援を始めた頃です。一八歳の私にとって「野宿者支援をする」ということは、どこかに可哀想な人を助けに行くという気持ちがあったと思います。しかし、この本を読んで、それは間違っていると気づかされました。少し引用します。

説明のつかないものがいっぱいある。いやね、これ、理科の先生にいろいろ説明してもらうといいのだけれども、研究が深くなればなるほど、不思議もふかまる。たとえば今いったような空気とか酸素とかいうものがつくり出されるまでに、どのくらいの歳月がかかってきたか。それは何千万年でなく何億万年の問題です。生命というものは、水の中でしか、維持できなかった。だが水がどのようにして、地上に存在するようになったか。生命《いのち》あるものは水の中にしか生きていけなかった。はじめはね。水の中に植物ができた。それからだんだん水の中の動物があらわれた。動物も、はじめは水の中でしか生きていけなかった。ところが、水の中でしか生きていけない動物がだんだん増えて、つよいものが好みのふかさのところを占領してくると、よわいものは、水ぎわの浅いところにおいやられた。ところがそのよわいものの中から陸でも水でも生きられる両棲類がうまれる。その中のよわいものは、時には水の全くなくなるようなところにすむほかない。そこから陸上の動物が生まれてくる。水が引いても、そういうところに生きられるような生き物が、だんだん出来てくる。こうして弱者の間から、次の時代の花形が出現する……。

（『教育の再生をもとめて』一五〇頁）

この本を読んで釜ヶ崎に行く意味が変えられました。人助けに行くのではなく、「次の時代の花形」に会いに行くのだと。今の社会の価値観からすると辺境のように扱われていた寄せ場の釜ヶ崎で、次代の花形の言葉を聴く。一番いいところを占領されて脇に押しやられた人だけが持つ特権的な認識に触れ、今の社会の問題を明確にする。それと同時に「次代」とは何かを考えたのでした。

林さんの描く「創世記」、あるいは「進化論」は、力ある者たちが一番良い場所を占領することで弱者は脇へと追いやられる。しかし、そこが進化の機会となるということです。それは、捨てられ、殺されたイエスが復活し、新しいいのちとなるという信仰と重なります。まさに、家造りらの捨てた石が隅のかしら石となったのです。イエスは次代の花形でした。

パウロは、コリント人への第一の手紙の中でこう語っています。これが教会のもともとの姿であったとしたら、初代の教会はまさに「次代の花形」の群れだったのです。

兄弟たちよ。あなたがたが召された時のことを考えてみるがよい。人間的には、知恵のある者が多くはなく、権力のある者も多くはなく、身分の高い者も多くはいない。それだのに神は、知者をはずかしめるために、この世の愚かな者を選び、強い者をはずかしめるために、この世の弱い者を選び、有力な者を無力な者にするために、この世で身分の低い者や軽んじられている者、すなわち、無きに等しい者を、あえて選ばれたのである。

（一章二六―二八節）

無きに等しい者たちによって始まった教会は、はたして今も次代の花形となっているだろうか。

私は少々心配です。確かに、日本の教会は、どこも小さく貧しい。しかし最善の深さのところに安住すると次代の花形は生まれない。教会は、常に無きに等しいとされ捨てられた石のような人々と共に生きることで、復活の福音を宣べ伝えることができるのだと思います。

コロナ禍の中で社会は「新しいもの」へと進もうとしています。コロナによって沈滞した空気の中、「ＧｏＴｏ」、「次に行こう」という掛け声は大変魅力的です。旅行の割引は正直うれしいし、庶民はちゃっかりこういうものを利用したいと思います。

でも、大事なのは、次代の花形はどこから登場するのかということです。それを私たちは、信仰の目を持って見定めたいと思います。「私は捨てられた」との嘆きが蔓延しつつあるのがコロナの現実です。私たちは「捨てられた石が隅のかしら石となる」というイエスの言葉を胸に刻みたいと思います。そして「次代」を模索したいと思います。

祈ります。

# 15　心配するな、これは消化試合だ――希望から見る

二〇二〇年七月二六日

ヨハネの黙示録一二章七―一二節

さて、天では戦いが起った。ミカエルとその御使たちとが、龍と戦ったのである。龍もその使たちも応戦したが、勝てなかった。そして、もはや天には彼らのおる所がなくなった。この巨大な龍、すなわち、悪魔とか、サタンとか呼ばれ、全世界を惑わす年を経たへびは、地に投げ落され、その使たちも、もろともに投げ落された。その時わたしは、大きな声が天でこう言うのを聞いた、「今や、われらの神の救と力と国と、神のキリストの権威とは、現れた。われらの兄弟らを訴える者、夜昼われらの神のみまえで彼らを訴える者は、投げ落された。兄弟たちは、小羊の血と彼らのあかしの言葉とによって、彼にうち勝ち、死に至るまでもそのいのちを惜しまなかった。それゆえに、天とその中に住む者たちよ、大いに喜べ。しかし、地と海よ、おまえたちはわざわいである。悪魔が、自分の時が短いのを知り、激しい怒りをもって、おまえたちのところに下ってきたからである」。

## 1　はじめに――絶望の名人

皆さん、おはようございます。オンラインでご参加の皆さんもおはようございます。この四か月「コロナの時代に聖書を読む」ということでお話をしていました。今日で一五回目となります。コ

ロナの収束は見られません。これからどうなるのか、不安が高まっています。しかし、「コロナの時代に聖書を読む」という連続宣教は、今日で一区切りとさせていただきます。

この間の宣教は、コロナの時代に東八幡キリスト教会が何を語り、何を考えたかの記録でもあります。コロナは教会の存在と使命を問うているように思います。東八幡キリスト教会では、春の執事会（教会役員会）において「今後、人心が乱れる」との想定に立ち、二〇二〇年度をスタートさせました。その中で私たちが何よりもしなければならなかったのは、み言葉に聴くということでありました。不安の中で過ごす人々に聖書の言葉を届けることが教会の第一の使命でした。インターネットによる配信の強化に取り組みました。東八幡キリスト教会では、すでに三年前から「星の下」というインターネットによるつながりの仕組みを構築していましたが、今回の事態の中で、あの時の決断が神の配剤《はいざい》であったと思えました。

さて、最終回のテーマは「希望」です。このシリーズが始まった四月。「闇の中ではじまる」という宣教題で話し始めて三か月が過ぎようとしています。闇の中で私たちの気づき以前から希望の光は輝いていたことを確認し、このシリーズは始まりました。今日が最終回になりますが、やはり「希望」についてお話ししたいと思います。

ものすごい勢いで感染者が再び増加に転じています。テレビでは「感染者数」「重症者数」、そして「死者数」が連日報道されています。束ねられた数字はもはや「名前のある個人」という感覚を私たちから奪い、漠とした「多い」「少ない」という捉え方が身に付き始めています。先の見えないトンネルの中を多くの人が歩み続けています。死者が一〇万人を超えるという専門家もいる中、医療崩壊が起こることを誰もが不安がっています。

「ＧｏＴｏキャンペーン」が始まりました。正直、わけが分かりません。一方で行動自粛を求め五輪を延期し、一方で旅行を勧める。原発事故の時もそうでしたが、情報はワイドショー頼み。実際には何が起こっているのか分からない。感染者の増減も、何が災いしたのか、何が功を奏したのか、説明もないままに月日は流れていきます。「自粛を要請する」は日本語としてもおかしい。「個々人勝手にそれぞれ判断してください」と一方で言われているようですが「要請」を無視すると叩かれる。判断をする材料も与えられないまま、日々感染者数だけを追いかける日々。「大本営発表」のような情報でも困りますが、やはり判断の材料が欲しい。権力は常に腐敗しウソをつくものです。私たちはこの間「改竄《かいざん》」という言葉を聞き続けています。

よく分からないことに人は恐れを抱きます。お化けが怖いのはよく分からないからです。さらに、恐れは暴力を生み、絶望へと私たちを誘います。そして、人は絶望の名人となります。

マタイによる福音書にこんな場面があります。

この時から、イエス・キリストは、自分が必ずエルサレムに行き、長老、祭司長、律法学者たちから多くの苦しみを受け、殺され、そして三日目によみがえるべきことを、弟子たちに示しはじめられた。すると、ペテロはイエスをわきへ引き寄せて、いさめはじめ、「主よ、とんでもないことです。そんなことがあるはずはございません」と言った。イエスは振り向いて、ペテロに言われた、「サタンよ、引きさがれ。わたしの邪魔をする者だ。あなたは神のことを

思わないで、人のことを思っている」。（一六章二一―二三節）

めずらしくイエスが弟子に激怒している場面です。「サタンよ、引き下がれ」ですから、これは、よほどのことです。私の場合、イエスでさえこんなに怒るんだと少々ホッとしたりもします。人間イエスを垣間見る場面であり、カッとすることが少なくない自分を擁護したい気持ちにもなります。

イエスは弟子たちに、この先何が起こるかを語り始めます。

「自分が必ずエルサレムに行き、長老、祭司長、律法学者たちから多くの苦しみを受け、殺され、そして三日目によみがえるべきこと」。

弟子たちに衝撃が走りました。イエスこそ新しい王になると信じていたからです。つまり、ローマ帝国の支配からユダヤを解放するのはイエスに違いないと弟子たちは思っていたからです。ヘロデ王やそれに群がる宗教的権威から民衆を解放するのはイエスの他にはないと彼らは期待していたのです。弟子の家族が「もしあなたが王座に就くときには息子を大臣にしてください」（マタイによる福音書二〇章）とお願いに来るくらいそれはリアルな期待でありました。

ただ、彼らが期待していた新しい王は、旧態依然とした権力構造そのものでありました。そんな弟子にとって、イエスの一言は衝撃だったのです。最も看過できなかったのはペテロでした。彼は、イエスの言葉を聞いて憤慨し、イエスを脇へ寄せていさめ始めます。

「主よ、とんでもないことです。そんなことがあるはずはございません」。

「いさめる」というのは「おさえ止める。禁止する。戒める。誤りや良くない点を改めるように言う」こと。弟子が先生に対してするようなことではありませんが、それほどペテロにとってイエスの発言は受け入れがたかったのです。「ちょっと待ってくださいイエス様、そんなこと言っちゃいけません。何言っているんですか。とんでもない、そんなことあるはずがない。縁起でもない」とペテロは言います。ペテロはイエスの発言を認めるわけにはいかない。だから容赦なく「いさめた」わけです。

するとイエスは「倍返し」とばかりにめちゃくちゃ怒る。

「サタンよ、引きさがれ。わたしの邪魔をする者だ。あなたは神のことを思わないで、人のことを思っている」。

「このサタン野郎の邪魔者が！」は、イエスらしからぬ怒りようです。「サタンよ」とイエスはペテロを呼びます。このサタンとは悪魔のことです。悪霊や汚れた霊というのも聖書には出てきます。ペテロにサタンと言った後、「神のことを思わないで、人のことを思っている」とイエスはペテロに言いました。

私はこう思います。サタンとは、神のことを思わせないで人のことに思いを留めさせる力だ、と。この「人のことを思う」は当然「隣人愛」ということではなく、「罪人」として限界のある人間の枠の中だけで物事を捉えようとすることだと思います。

イエスはこうも言っています。

さらに言われた、「人から出て来るもの、それが人をけがすのである。すなわち内部から、人の心の中から、悪い思いが出て来る。不品行、盗み、殺人、姦淫、貪欲、邪悪、欺き、好色、妬み、誹り、高慢、愚痴。これらの悪はすべて内部から出てきて、人をけがすのである」。

（マルコによる福音書七章二〇―二三節）

先ほどの「人のこと」が「人から出て来るもの」のことだとすると、それは人をけがすことになります。いくら自分大好きのナルシストだったとしても、自分から出て来るこんなものばかりを見ていると最後は絶望します。だから人は「神のこと」を思わなければならないのです。自分の感覚や価値観をいったん脇において、神を中心に据えて思いを組み立てなければならない。「神のことを思う」とは、神に愛されていること、希望がすでに与えられていること、そして生かされていることを思うということです。しかし、サタンは「人のこと」だけに思いを集中させる。その結果、人は絶望の名人となります。

ペテロはサタンにそそのかされ「人のこと」だけに注目します。本当に大事なことが分からなくさせられる。ペテロは「多くの苦しみを受け、殺される」という言葉に釘付けにされました。しかしイエスは、その後もっと重要なことを語っています。「人のこと」にのみ思いを集中させているペテロは、それに気づけません。

もう一つの衝撃的かつ最も重要なこととは何か。もう一度イエスの言葉を見てみたいと思います。

「自分が必ずエルサレムに行き、長老、祭司長、律法学者たちから多くの苦しみを受け、殺され、そして三日目によみがえるべきこと」。

確かにイエスは自分が殺されると言っています。だからペテロは「そんなことはあり得ません」といさめます。しかしペテロは肝心要のことを聞き逃しています。

「そして三日目によみがえるべきこと」

サタンは、人を絶望させるために「人のことだけ」を思わせる力です。イエスが苦しみを受けて殺されるのは事実ですが、「三日目によみがえるべきこと」も事実。「べきこと」は相当強い言葉であって、イエスが本当に伝えたかったのはここなのです。「三日目によみがえるかもしれない」ではなく「よみがえることはすでに決まっている」と言う。しかし、絶望している人の耳にはこれが届きません。

絶望に囚われた人にはすべてが灰色に見えます。どんなに素晴らしいことも気づかない、気づこうとしない。これが「人のこと」を思わせるサタンの仕業です。悪いこと、嫌なことは、本来「見たくないこと」です。しかし、サタンはそれだけを見るように仕向けます。ペテロのみならず、人は時にそうなります。

現在、私たちは「コロナ禍」つまり「禍《わざわい》」と名付けられた時代を生きています。サタンの稼ぎ時だと言えます。サタンは、悪いことだけを思わせようと暗躍します。朝から晩まで何人感染した、何人亡くなったと聞き続けるのは辛いわけです。たまにはテレビを消したいと思いますが、ずっと見ている。サタンにやられている証拠です。ペテロのように「とんでもないことだ。こんなことがあってはいけない」と、うろたえている自分がいます。

しかし、イエスは「三日目によみがえるべきこと」と一方で明言しておられる。それを「とんでもない。そんなことがあるはずはございません」と言ってしまうと、「えっ、復活したらあかんの?」ということになってしまいます。キリスト信仰にとって最も大切な「復活」を、一番弟子が否定する。なんだか滑稽な場面ですが、これがサタンに魅せられた人間の現実です。そんなふうに人を絶望に向かわせるサタンにイエスは激怒されました。

「お前、何言ってんだ。私の話をちゃんと聴け。確かに私は多くの苦しみを受けて、殺される。でも、ここからがほんとに大事だからちゃんと聴きなさいよ。三日の後によみがえる。もう一回言うから、そ・し・て・三日目に・よみがえるべきことに・なっている!!　私は殺されても復活し生きるの。分かった?　サタンに邪魔されてはいけない」とイエスは言いたいわけです。「多くの苦しみを受け殺される」は、コロナ禍に生きる私たちにとってドキッとする言葉です。「感染し、重症化し、死ぬ（殺される）」ことに日々怯えています。しかし、本当にそれだけの日々だったのか。この日々の中に希望はなかったのか。私たちは神のことを思いたいのです。

## 2　天の戦いと地上のわざわい

先が分からない時、人は絶望します。コロナ禍の中で私たちは、先の見えないトンネルの中を歩いている。悪いものばかりが見えると疑心暗鬼にもなります。しかし、聖書にはこの先のことがちゃんと書かれています。先ほどのイエスの言葉もそうですし、今日お読みいただいたヨハネの黙示録がそうです。

紀元九六年頃、ローマ皇帝のドミティアヌスがキリスト者を迫害していました。迫害下の小アジアの諸教会に向けて語られたのがヨハネの黙示録です。先の見えない不安の中に生きていた人々に「その先のこと」を語った。しかも、その先のことを、すでにあったこととして語っているのが重要です。なんだかややこしい言い方ですが、そのことを今から話します。

黙示文学というのは黙って示しているわけですから分かりにくい。なぜ、わざわざ分かりにくい形で書いたかというとローマの迫害を逃れるためです。今人々を苦しめているローマ帝国が最終的に勝利することなどない、と伝えたかったわけです。でも「ローマなんていずれ滅びるぞ」などと大声で言うと迫害されますから、ここは「黙示的」に語るしかないのです。

本日取り上げたのは、ヨハネの黙示録一二章の場面です。

さて、天では戦いが起こった。ミカエルとその御使たちとが、龍と戦ったのである。龍もその使たちも応戦したが、勝てなかった。そして、もはや天には彼らのおる所がなくなった。この巨大な龍、すなわち、悪魔とか、サタンとか呼ばれ、全世界を惑わす年を経たへびは、地に投げ落され、その使たちも、もろともに投げ落された。その時わたしは、大きな声が天でこう言うのを聞いた、「今や、われらの神の救と力と国と、神のキリストの権威とは、現れた。われらの兄弟らを訴える者、夜昼われらの神のみまえで彼らを訴える者は、投げ落された。兄弟たちは、小羊の血と彼らのあかしの言葉とによって、彼にうち勝ち、死に至るまでもそのいのちを惜しまなかった。それゆえに、天とその中に住む者たちよ、大いに喜べ。しかし、地と海よ、おまえたちはわざわいである。悪魔が、自分の時が短いのを知り、激しい怒りをもって、おまえたちのところに下ってきたからである」。

（七―一二節）

まるでハリウッドのスペクタクル映画のような場面です。天で戦いが起こります。天使ミカエルとその御使いたちが龍と戦った。龍というのは、悪魔とかサタンとか呼ばれ、全世界を惑わす年を経たへびです。イエスの言った「サタン」も同類です。龍も子分を連れて応戦しますが、天使には敵《かな》うはずもなく天使が勝利します。天上に、もはや龍の居場所はありません。ついに、龍は子分ともども天使ミカエルらによって地上に投げ落とされました。

勝利宣言が天に響きます。「神の救いと力と国とキリストの権威が現れた。訴える者どもは投げ落とされた。天に住む者たちよ、大いに喜べ」。これで、めでたしめでたし、といきたい。ですがそうはいかない。それどころかここから大変なことになります。

「しかし、地と海よ、おまえたちはわざわいである。悪魔が、自分の時が短いのを知り、激しい怒りをもって、おまえたちのところに下ってきたからである」。

ここでいう「おまえたち」は地上の私たちに他なりません。天上での勝利の結果、龍は地上に投げ落とされた。「良かった。よくやった」と言いたいのですが、地上の私たちからすると、突然、空から悪魔が降って来たという事態となります。龍は、自分は長くは生きられないと悟り、激しい怒りを私たちに向けます。「いや、いや、あなたをやっつけたのは、天使なんだから、激しい怒りはそっちに向けて、勘弁してよ」と言いたいところですが、龍はおかまいなしに地上で暴れ回り、地上の人間は苦しみにあえぐことになります。

先にも述べましたが、ヨハネの黙示録はローマ皇帝ドミティアヌスによって迫害されていたキリスト者に向けて書かれています。いつまで続くのかも分からない迫害に苦しむ人々に対して「希望」を届けることがヨハネの黙示録の目的でした。

天から落ちてきた災いである龍は迫害しているローマ皇帝を示しています。そして、この龍に苦しめられている地上の「おまえたち」は、まさに迫害下を生きているキリスト者を指しています。しかし、忘れてはいけないのが「この勝負はすでに神の勝利で終わっている」という事実です。ヨハネの黙示録は、迫害に苦しむキリスト者たちに「すでに悪魔は打ち破られている。もう勝負はついている。確かにおまえたちにとって迫害は最悪だと言わざるを得ないだろう。しかし、悪魔の時はもはや残されていない。この戦いはいわば消化試合なのだ」と伝えています。

私たちは、「人のことを思う」ペテロのように物事を捉えてしまうと、天から降ってきた龍に翻弄されてしまいます。しかし、「神のことを思う」という信仰の姿勢を持って臨む時、この闘いはすでに勝負がついていること、龍はすでに敗れ去っていること、そして龍の時は短いことを確信することになります。これは、先の見えない暗闇の中にいた人々にとって、希望はすでに確定しており、この先に待っているのはより深い闇ではなく、すでにあるもの、すなわち神の勝利にほかならないという事実を示すものでした。

先にある勝利の根拠はどこにあるか。ヨハネの黙示録は以下のことを告げます。

兄弟たちは、小羊の血と彼らのあかしの言葉とによって、彼にうち勝ち、死に至るまでもそのいのちを惜しまなかった。

「小羊の血」や「あかしの言葉」、さらに「死に至るまでもそのいのちを惜しまない」は、明らかにイエス・キリストを暗示しています。龍すなわち悪魔は、イエス・キリストの十字架と復活によってすでに敗れている。眼前の迫害者たちは、すでに敗れているのです。皇帝、龍、年を経たへび、すなわち悪魔は、地上に投げ落とされた敗者に過ぎない。目の前の出来事だけを見ているとそうとは思えないが、それは人のことを思っているに過ぎないのです。

だから「神のことを思え」とヨハネの黙示録は言います。ローマ皇帝は、投げ落とされた龍に過ぎない。勝負はすでについている。地上で起こっている迫害は、すでに消化試合に過ぎないのです。ここでいう「消化試合」は、野球が好きな人は分かると思いますが、すでに優勝チームが決定した後に行われる試合のことです。もはや優勝決定には関係がない試合のことです。転じて「重要なことが終わったあとの物事」を指す言葉として使われます。「だから心配しなくていい」とヨハネの黙示録は迫害に苦しむ人々を励ますのです。わたしたちに降りかかろうとしている迫害は、実は、天上での神の勝利の証しであり、すでに勝負はついているのだ、と。

時に苦難が襲います。予期せぬ闇が私たちを覆います。そういう時に、私たちはもう一つの事実を思い起こします。私たちに苦難をもたらす龍すなわち悪魔は、すでに敗れているという事実。これが「人のことではなく、神のことを思う」ということです。目先の闇に飲み込まれてはいけません。すでに手中にある勝利を確認して生きていく、あれは破れた龍が最後のあがきをしているに過ぎない、もう長くない、と。私たちが悪い部分しか聞こうとしない絶望の名人でも、すでに勝負がついていることを心に刻むことができれば、顔を上げることができます。

希望はどこにあるのでしょうか。「この先にある」と多くの人は考えます。確かにそうです。迫害はもうすぐ終わるのですから。ではその根拠はどこにあるのか。希望はいつ成立したのか。

希望はすでに成立しています。すでに成し遂げられたのです。イエス・キリストの十字架により勝利は確定した。目前の苦難は消化試合に過ぎない。私たちの希望は「すでに確定した希望によってこの先に約束されている」と聖書は告げるのです。だから、目先の闇に呑み込まれてはいけません。「わたしはすでに世に勝っている」(ヨハネによる福音書一六章三三節)とイエスも言っています。

## 3　おわりに――生き生きとした希望

コロナはいつまで続くのでしょうか。予兆を探すのですが、容易には見つかりません。「夏になると収まる」と言う人がいましたが、そう簡単ではなさそうです。私たちはどうしたらいいのか。すでにある結論を心に刻むのです。現実の延長線上に希望を見出そうとすると絶望するしかない。目の前で龍が暴れているからです。だから、希望のほうから現実を見るしかない。これを信仰と言います。すでにある希望から今を見るという生き方は、ヨハネの黙示録の時代、ドミティアヌスの迫害の時代から私たちに示されている生き延び方なのです。

『モモ』や『ネバーエンディング・ストーリー』を書いたミヒャエル・エンデが、希望とは何かを語っています。

希望とは、物事がそうであるから持つものではなく、物事がそうであるにもかかわらず、持つ精神である。

私たちは現実から希望の予兆を探します。しかし、現実がその余地を持たない時、私たちは絶望するしかなくなります。ならば、現実がそうであるにもかかわらず希望を持つしかない。

私たちは現実の厳しさを知らされています。何千人が感染し、重症者は何人、さらに何人が亡くなった。それだけではありません。失業者が何人おり、住居確保給付金の受給者が前年比何十倍になった。特例貸付の窓口に人々が殺到している。見聞きする現実は、どれをとっても希望が見えません。そんな現実の中で私たちはペテロになります。「三日の後によみがえるべきこと」という一番大切なことが語られているにもかかわらず、「殺される」の一言だけを心に焼き付けてしまう。そんな絶望の名人たちは、現実から希望を見るのはあきらめて、天上の事実、すなわち、すでにある現実を見るしかありません。希望から現実を見るのです。

ペテロの第一の手紙にこのような言葉があります。

神は、その豊かなあわれみにより、イエス・キリストを死人の中からよみがえらせ、それにより、わたしたちを新たに生れさせて生ける望みをいだかせ、（一章三節）

同じ箇所を新共同訳聖書は「生き生きとした希望を与え」と訳しています。なぜそう言えるのか。二千年前にイエスが復活したとして、それが今の私たちとなんの関わりがあるのか。なぜそれが現在の私の希望となるのか。イエスの復活がなぜ私の希望となるのか。「生き生きとした希望」となるのか。

そもそも、希望はそういうものでなくてはならないと私は思います。自分の現実の先に希望を探すことは、現実が厳しくなるほど難しくなります。本当の希望は、そんな私と関係なく二千年前に完成していた。それが揺らぎなき希望だと思います。天使ミカエルやイエス・キリストとの戦いに悪魔は敗退している。だから目前にある戦いは消化試合に過ぎない。勝敗は決まっていて私たちはすでに勝っている。どんなひどいことが起こってもすでに希望は確定している。あなたがその事実を認めようが認めまいがそんなことは関係ない。希望はすでにある。その希望から現実を捉え直すのです。こういうことが信仰の営みだと思います。

イエス・キリストが二千年前によみがえらされた時、私は存在していませんでした。しかしあの日、私自身の「生き生きとした希望」は確定したのです。すでに誰が優勝するかは決定している。心配だろうし心細いかもしれないが、「これは消化試合に過ぎない」と信じて生きていこうと思います。

これからも一喜一憂する日々が続きます。だからこそ「生き生きとした希望」を持ちたいと思います。いや、「持つ」というのも少し違うかもしれません。持つ持たないは、私の判断次第ということになってしまいます。大切なのは、私の現実とは関係なく「生き生きとした希望」はすでに事実として与えられているのであり、私たちを苦しめる悪魔の敗退は決まっているということなのです。「生き生きとした希望」は、自分の中から、つまり人の内側からは出てきません。自身の延長線上、すなわち私の努力の結果、ご褒美として与えられるものでもありません。

「生き生きとした希望」はすでにある希望です。それは一方的であり恩寵です。二千年前、イエス・キリストによってすでに与えられたからです。勝負はついていて、優勝も決まっている。「生き生きとした希望」の存在は、今の苦難がすでに消化試合に過ぎないことを私たちに示しているのです。

確かに言うは易しです。実際に目の前に不安と恐怖があるわけですから。しかし、「生き生きとした希望」はすでにある。それを毎週心に刻まねばならない。なぜなら、私たちはこんなに大切なことをすぐに忘れてしまうからです。私たちはすぐ絶望の闇に呑まれ、「人のこと」ばかり思い、肝心なことを聴かないからです。

だから礼拝に参加し、大切なことを聴き続けるのです。皆さんの足元には、すでに「生き生きとした希望」が存在しているということを。目の前の苦難は消化試合だということを。ご安心ください。共に歩んでいきたいと思います。

祈ります。

# 「パン」と「神の言」をめぐる、やや説教論のようなあとがき

「人はパンだけで生きるものではなく、神の口から出る一つ一つの言《ことば》で生きるものである」。この言葉に問われながら、ホームレス状態にある人々と関わり、牧師や教会のあり方を問われてきた。

当初私は、この言葉を「神の言の重要性の指摘」とのみ捉えていた。やがて、一八歳で大阪釜ヶ崎（日雇労働者の町）と出会い、「パンなき人々」の現実を目の当たりにした。ひと切れのパンさえ手に入らず残飯を漁る人々。パンがなければ生きられない。「神の言」と言われても、きれいごとでは済まされない現実があの町にはあった。だから「パンだけではない」という言い方がとても嫌《いや》だった。それを言うのであれば「せめてパンだけでも、やろうが」。それが底辺に生きる人々を前にした私の率直な思いだった。

しかし、やがてそれだけではないと思うようになった。

韓国の民衆詩人である金芝河《キムジハ》が書いた「飯が天です」という詩がある。

飯が天です

天を独りでは支えられぬように
飯はたがいに分かち合って食べるもの
飯が天です
天の星をともに見るように
飯はみんなで一緒に食べるもの
飯が天です
飯が口に入るとき
天を体に迎えます
飯が天です
ああ　飯は
みんながたがいに分かち食べるもの

「せめてパンだけでも」は、何よりも優先されなければならない事柄だ。しかし、パンが本当の意味で人を生かすのは、「たがいに分かちあって食べるもの」と言えた時である。だから「飯が天」なのだ。「パンだけではない」とイエスが言ったことが、少し分かったような気がした。

＊

「神様、この食事を感謝します。どうか、食べられない人を守ってください。食べた私たちになすべきことをお示しください。アアメン」。これはわが家の食前の祈りである。子どもたちも、時おりわが家に滞在する人々も、この祈りを捧げ、共に食べた。

野宿生活から脱し、わが家にたどり着いた人は、「助かった」という思いと、「自分だけが助かった」という思いの狭間を生きることになる。

「小林のじいさん」と呼ばれていた人がいた。長い野宿生活を終え、ついに自立を決意し、アパートが準備できるまで、わが家に滞在することになった。滞在中にうちの家族全員がインフルエンザに罹り、お世話どころか小林のじいさんにお世話してもらったのを覚えている。その後、小林のじいさんはアパートへ移っていかれた。

一か月後、大家から苦情の電話があった。慌てて小林のじいさんを訪ねた。六畳と台所の小さなアパート。「奥田です」とドアを開けると、なんと見知った顔が八人。入りきれないほどの親父さんたちが一緒に暮らしていた。私の顔を見ながら小林のじいさんは頭をかいていた。「どうなってんの」と尋ねる私に「だって断れんもん」とじいさん。「そうだよな、断れんもんなあ」。二月、小雪の舞う午後だった。

自分だけが食べることができてもだめなのだ。「断れんもん」という人間の心をイエスは喜んだに違いない。だからパンでは終わらない。飯は天へ、すなわち愛し合え、分かち合えという神の言へとつながる必要があるのだ。

一方、八人で暮らすことは土台不可能。契約違反であり、このままでは小林のじいさんも再び家を失うことになる。仕方ない。何度も謝り、七人には「出て行ってください」と告げた。「せめてこれで飯でも」と、なけなしの金を渡す。ものすごく後ろめたい。

「自分の飯を確保すること」と「分かち合う」ことが同時に成立しない。「せめてパンだけでも」の現実は、「せめて自分だけでも」へと一瞬にしてすり替わる。それが人間なのだ。だから、この点においてもやはり「神の言」が必要なのだ。「父よ、彼らをおゆるしください。彼らは何をしているのか、わからずにいるのです」（ルカによる福音書二三章三四節）。「パンだけではない」とのイエスの言葉は、私のように「ちゃっかり自分だけは食べている」という調子のいい人に語った裁きの言葉でもある。

*

今回、説教集を出版することになった（東八幡キリスト教会では「説教」と呼ばず「宣教」というが、ここでは「説教」を使う）。実は、私は日曜日に説教をする牧師でもある。というのは最近「NPO法人抱樸《ほうぼく》代表」という肩書きの方がよく表に出るからだ。

説教集ということで自分の説教を繰り返し読み直した。説教は「パン」と「神の言」の緊張関係の中で成立すると思う。きれいごとでは済まされない、かと言って人間の醜い現実に開き直るわけにはいかない。目の前にいる「せめてパンだけでも」とつぶやく人と出会った責任をどう果たすか。責任を果たせず「出て行ってくれ」と促す自分をどうするのか。そういうものがごちゃまぜとなり噴出する。それが説教だと思う。だから説教は罪深い。

私は、講壇に上がり説教に入る前、目を閉じて祈る。「神様、今から語ることで人を殺すかもしれません。でも話します。どうぞお赦しください。あとはよろしく」と。そう祈らずして説教をすることはできない。説教も罪だ。神の言を語っているからすべて良しとはならない。だから常に説教を赦し、補完し、あるいは裁くもの、つまり「神の口から出る一つ一つの言」が必要となる。説教は赦された罪人の行為に過ぎない。

この説教集は、コロナ禍が深刻化していく二〇二〇年四月から七月の間になされた説教の記録である。さすがに語った言葉をそのまま本にするわけにはいかず、書き言葉として編集し、さらに加筆も行っている。元の説教をご覧になりたい方はＹｏｕＴｕｂｅチャンネル「東八幡キリスト教会―星の下―」（https://www.youtube.com/c/hoshinoshita/videos）を視聴していただきたい。

本書には「コロナの時代に聖書を読む」という副題がつけられている。私の場合は、牧師就任以来、一貫して主題説教であり、出会いの中で聖書を読むということをやってきた。今回のコロナ禍は当初から「これは大変なことになる」との嫌な予感がしていた。現在、全国的に爆発的感染が広がっている。さらに生活困窮状況に置かれる人々が増えるだろう。すでに自殺は増加に転じ、生活保護申請も増え始めている（生活保護は当然の権利。「最後の」セーフティーネットは誤った認識であり「早めの」相談をしてもらいたい）。こうした中で聖書に聴き続けた。

東八幡キリスト教会では、教会がなすべきこととは何かを検討した。何よりも重要なのは礼拝と説教であり、それを土台に人と人とがつながることだと考えた。だから礼拝はやめない。一方でオンライン配信を開始することにした。先年から取り組んでいた「星の下」というネット会員登録制度も充実され、現在三〇〇名ほどが参加している。主日礼拝には、会堂に集う六、七〇人に加え（徹底した感染対策を実施）、多い日ではオンラインで参加される方が三〇〇人を超える。

さらに「パン」の手当も考えた。東八幡キリスト教会には「軒の教会」と呼ばれる会堂が与えられており、その一角が「シェルター」として、行き場のない人の居場所となっている。このような働きも大事にしたいと考えている。

多くの人が感染に苦しみ、生活を奪われた。コロナは、この社会がそもそも持っていた脆弱さや差別性を明らかにした。同時に、教会の存在意義が問われた。私たちキリストの教会は「パン」と「神の言」を届けることができただろうか。東八幡キリスト教会は問われ続けている。この本は、この間の教会の格闘の記録でもある。

私にとっては初めての説教集となった。今回も大変恐縮しつつ出版させていただいた。どれだけお役に立つか分からない。今、暗闇の中を歩んでいると思っている人々の気休めにでもなればと思う。

＊

東八幡キリスト教会では口語訳聖書を用いており、聖書からの引用は断りのない限りすべてこれによった。

出版においては、何よりも私の説教を三〇年間辛抱強く聞いて下さった東八幡キリスト教会の皆さんに心より感謝申し上げたい。これは間違いなく東八幡キリスト教会において語られた言葉である。また、校正作業は東八幡キリスト教会の石橋誠一牧師と日本基督教団の大森照輝牧師、さらに日本基督教団名古屋中央教会の渕沢弘昌さんにお願いした。石橋牧師は私と一緒に東八幡キリスト教会の牧師の働きを担ってくださっている。彼なしではこの教会は成立しない。大森牧師は共通の知人である榎本てる子さんによって出会わされた。この展開を天国のてるちゃんはどう見ているだろうか。渕沢さんは親友であり、良き理解者である。そして新教出版社の小林望さんに心から感謝申し上げたい。
最後に東八幡キリスト教会の教会標語を紹介したいと思う。

すべての人のための教会になる
――神様は、どうでもいい「いのち」をお創りになるほど お暇ではありません。

さて、お茶もあります、お菓子もあります。
気のいい鬼が揃っています。
どうぞ、東八幡キリスト教会にお立ち寄りください。
では、

教会住所：〒八〇五―〇〇一五　北九州市八幡東区荒生田二丁目一―四〇
電話：〇九三―六五一―六六六九
検索：東八幡キリスト教会　https://www.higashiyahata.info/
YouTubeチャンネル：東八幡キリスト教会―星の下―
https://www.youtube.com/c/hoshinoshita/videos

二〇二一年八月二七日　東八幡キリスト教会

奥田知志

奥田知志（おくだ・ともし）

1963 年滋賀県生まれ。関西学院大学神学部、同大学院修士課程、西南学院大学神学部専攻科、九州大学大学院博士課程後期で学ぶ。日本バプテスト連盟東八幡キリスト教会牧師、認定ＮＰＯ法人抱樸理事長、公益財団法人共生地域創造財団、ホームレス支援全国ネットワーク、生活困窮者自立支援全国ネットワーク、全国居住支援法人協議会などの代表を務める。第 19 回糸賀一雄記念賞、第 1 回賀川豊彦賞受賞。著書に『もう、ひとりにさせない』（いのちのことば社)、『「助けて」と言える国へ』（共著、集英社新書)、『生活困窮者への伴走型支援』（共著、明石書店)、『いつか笑える日が来る』(いのちのことば社)、『「逃げおくれた」伴走者』（本の種出版）などがある。

ユダよ、帰れ

コロナの時代に聖書を読む

2021 年 9 月 31 日　第 1 版第 1 刷発行
2024 年 1 月 31 日　第 1 版第 4 刷発行

**著　者**……奥田知志

**発行者**……小林　望
**発行所**……株式会社新教出版社
〒 162-0814 東京都新宿区新小川町 9-1
電話（代表）03 (3260) 6148
振替 00180-1-9991
**印刷・製本**……モリモト印刷株式会社

ISBN 978-4-400-51766-5　C1016


日本音楽著作権協会（出）許諾第 2107636-101 号